JN410501

朝鮮文士의 戀愛觀

조선 문사의 연애관

<지만지한국문학>은
한국의 고전 문학과 근현대 문학을 출간합니다.
널리 알려진 작품부터
세월의 흐름에 묻혀 이름을 빛내지 못한 작품까지
적극적으로 발굴합니다.
오랜 시간 그 작품을 연구한 전문가가
정확한 번역, 전문적인 해설, 풍부한 작가 소개, 친절한 주석을
제공합니다.

朝鮮文士의 戀愛觀

조선 문사의 연애관

조선문인회 엮음

이민희 옮김

대한민국, 서울, 지만지한국문학, 2026

편집자 일러두기

- 이 책은 1926년 설화서관(雪華書館)에서 간행된 《조선 문사의 연애관(朝鮮文士의 戀愛觀)》을 저본으로 삼았습니다.
- 《조선 문사의 연애관》은 원래 조선문인회의 기관지인 《조선문단》(1925년 7월 특대호)에 29명의 문인들이 기고한 글 중 22편을 추려 묶은 것입니다. 이 중 3편은 《조선문단》에 실린 것과 다른, 동일 작가의 다른 글로 대체되어 실린 것입니다.
- 《조선 문사의 연애관》에 수록되지 못했으나, 《조선문단》에 실렸던 글들까지 살필 수 있도록 부록에 9편의 글을 따로 묶어 수록했습니다.
- 《조선 문사의 연애관》에 실린 22편 중 염상섭의 〈감상과 기대〉는 저작권 문제로 이 책이 싣지 못했습니다.
- 한글에 한자를 병기할 때 괄호 안의 말과 바깥 말의 독음이 다르면 [ ]를 사용하고, 번역어의 원문을 표시할 때는 ( )를 사용했습니다. 또 괄호가 중복될 때에도 [ ]를 사용했습니다.
- 현대어역은 독자가 쉽게 이해할 수 있도록 원문의 의미를 벗어나지 않는 범위 내에서 자연스럽게 윤색을 가했으며 의미 전달을 확실히 하기 위해 필요한 부분에 한자를 병기했습니다.
- 서명과 편명은 《 》과 〈 〉으로 표시했습니다.
- 주석과 해설은 독자의 이해를 돕기 위해 옮긴이가 작성한 것입니다.

차 례

조선 문사의 연애관

연애라는 것 / 양건식 · · · · · · · · · · · · · · · · 5
관능적 관계의 윤리적 의의 / 김기진 · · · · · · · · · 9
범의 꼬리와 연애관 / 김동인 · · · · · · · · · · · · 15
어록(語錄) 이십(二十) / 이은상 · · · · · · · · · · · 18
연애결혼의 가치성 / 김영진 · · · · · · · · · · · · 25
연애관 / 김윤경 · · · · · · · · · · · · · · · · · · 36
운명의 연애 / 이익상 · · · · · · · · · · · · · · · 46
실제록(失題錄) / 김영보 · · · · · · · · · · · · · · 53
평범(平凡) 이하의 연애관 / 이일 · · · · · · · · · · 62
연시연비(戀是戀非) / 김동환 · · · · · · · · · · · · 70
연애는 예술이다 / 김광배 · · · · · · · · · · · · · 77
인간의 참다운 세계를 찾아 / 노자영 · · · · · · · · 87
연애를 연애하는 연애관 / 김태수 · · · · · · · · · · 95
바라는 한마디 / 유도순 · · · · · · · · · · · · · · 102
내 생각은 / 임영빈 · · · · · · · · · · · · · · · · 105
참된 연애는 도깨비입니다 / 양주동 · · · · · · · · · 109

내가 믿는 문구 몇 가지 / 나빈 · · · · · · · · · · · · · 112
지상연애관 / 김억 · · · · · · · · · · · · · · · · · 119
연애관 / 전영택 · · · · · · · · · · · · · · · · · · 124
전(全) 생명의 요구는 아니다 / 최학송 · · · · · · · · · 126
연애문답 / 방인근 · · · · · · · · · · · · · · · · · 142

부록 : 《조선 문사의 연애관》에 수록되지 않은 작품들

육욕의 시간적 쾌락 / 박영희 · · · · · · · · · · · · · 155
그 성의와 열정을 살기 위한 싸움에 / 송봉우 · · · · · 162
연애의 의의 / 최상현 · · · · · · · · · · · · · · · · 169
연애에 대한 나의 기대 / 김지환 · · · · · · · · · · · 176
연애에 대한 나의 소감 / 변성옥 · · · · · · · · · · · 182
연애의 삼각관 / 김필수 · · · · · · · · · · · · · · · 187
숫머슴애 / 조운 · · · · · · · · · · · · · · · · · · 197
이상적 연애관 / 김명순 · · · · · · · · · · · · · · · 200
사랑을 읊은 옛 노래 / 일기자 · · · · · · · · · · · · 205

해설 · 213
엮은이에 대해 · 255
옮긴이에 대해 · 256

조선 문사의 연애관

사랑이 그 어떻더냐, 둥글더냐, 모나더냐,
길더냐, 짧더냐, 밟고 남아 자일러냐.
하 그리 긴 줄은 모르되 끝 간 데를 몰라라.

—옛시조 중에서

연애라는 것

양건식

연애를 모르는 사람으로 연애를 말한다는 것은 대단히 무책임한 일이다. 그러나 연애란 문학상의 큰 문제다. 그뿐 아니라 연애란 이해할 수 없는 일 중의 하나다. 왕위의 귀함을 버리고 한 평민의 소녀와 함께 외국으로 달아나는 사람도 있으며, 황금의 가산(家産)을 누항(陋巷)의 천부(賤婦)[1]에게 바치고 후회하지 아니하는 자도 있고, 연애를 성취하지 못해 서로 손을 붙들고 몸을 심연(深淵)에 던지는 사람도 있다. 이와 같은 것은 그중에 가장 극단인 것이다. 사람은 이 세상에 생존하는 것으로 제일의(第一義)[2]

---

1) 누항(陋巷)의 천부(賤婦) : 거리의 천한 여자. 평민 여성.

2) 제일의(第一義) : 근본이 되는 첫째 의의. 곧 궁극의 진리.

를 삼지마는 연애의 극단에 이르러서는 그 궁극의 진리까지도 버리고 눠우치지 아니한다.

이로 보면 연애란 치태(痴呆)[3]다. 맹귀(盲聵)[4]다. 연애 앞에는 이해영욕(利害榮辱), 부귀빈천(富貴貧賤), 일체의 세간(世間)과 관계가 없는 것이다. 이것이 즉 헌신적이니 몸으로써 연애의 희생을 하고 돌아보지 아니하는 것이다. “가다가 아무 데나 산 좋고 물 좋은데 자좌오향(子坐午向)[5] 터를 잡아 초가삼간(草家三間) 지어 놓고 석전(石田)[6]을 갈아서 초식(草食)을 먹을망정, 거울같이 마주 앉아 밤낮으로 보고지고”라 한 이가(俚歌)[7] 한 편(篇)이 이 희생적인 치정(癡情)[8]의 진경(眞境)을 그려 낸 말이 아닌가?

---

3) 치태(痴呆) : 어리석은 일.

4) 맹귀(盲聵) : 소경, 장님.

5) 자좌오향(子坐午向) : 자방(子方)을 등지고 오방(午方)을 바라보는 방향. 묏자리나 집터 따위가 정북(正北) 방향을 등지고 정남향을 바라보는 방향.

6) 석전(石田) : 돌이 많은 땅. 돌밭.

7) 이가(俚歌) : 항간에 유행하는 속된 노래.

8) 치정(癡情): 남녀 간의 사랑으로 생기는 온갖 어지러운 감정.

그러나 연애는 인생의 일부분이요, 그 전부는 아니다. 나의 헌신할 때, 나의 희생할 때, 연애보다 더 원대하고 더 고상한 것이 있음을 알게 될 때 사람의 가치는 더욱더 크고 귀한 것이 된다. 여러분, 그렇지 않습니까?

양건식(梁建植, 1889~1944)

"연애란 치태다."

호는 백화(白華). 서울 태생으로 관립한성외국어학교를 졸업한 후 1910년부터 10여 년간 중국 북경평민대학에서 유학했다. 귀국 후 불교진흥회의 전임서기이자 기관지 《불교진흥회월보》의 편집 책임을 맡으면서 불교적 색채가 짙은 소설 〈석사자상(石獅子像)〉(1915)을 발표해 등단했다. 소설가 자신이 작품을 쓰고 출간하기까지의 과정을 소재로 해 쓴 〈귀거래(歸去來)〉(1915), 현실에 대한 비판적 인식을 드러낸 〈슬픈 모순〉(1918) 등이 대표작이다. 평론 중에는 문학의 미적 가치와 효용적 가치를 모두 인정해야 한다고 주장한 〈춘원(春園)의 소설(小說)을 환영(歡迎)하노라〉(1916)와 〈지나(支那)의 소설(小說)과 희곡(戲曲)에 대하여〉(1917)가 대표작이다. 중국의 시, 소설, 희곡을 우리나라에 번역 소개하는 일에 앞장섰다. 우리나라에서 '희곡'이라는 용어를 처음 사용했다. 그의 중국 문학 작품 번역과 연구는 당시 일본문학과 서양문학 중심의 한국문단에 새로운 시사점을 제공했다.

관능적 관계의 윤리적 의의

-연애 문제 소관(小觀)

김기진

연애라는 말은 근년에 비로소 쓰게 된 말이다. 7, 8년 전, 혹은 10여 년 전에 연애라는 말은 조선 사회에서는 들어 보지 못하던 말이다. 그리하여 이 연애라는 말은 자유연애라는 말의 약어(略語)로 사용되고 있다. 즉, '연애'라는 두 글자 위에는 언제든지 반드시 '자유'라는 두 글자가 올라 앉아 있다는 말이다.

자유연애라는 말은 '연애하는 것은 자유여야만 한다'는 뜻이다. 그러므로 일부의 도학자(道學者)들이 이상스럽게 생각하는 '자유연애'의 의의는, 기실 결코 그렇게 이상할 것이 없다는 것이다.

요컨대 그들은 '자유연애'라는 말을 곡해(曲解)한 것이다. 사랑하는 것은 자유라는 말에, 어느 구석이 이상하다는 말인가?

나는 이제, 이 자유연애 문제에 대해 간단하게, 단편적으로 나의 소견을 말하는 동시에, 자유연애의 진의를 잘못 생각하고 있는, 한 개의 우려할 만한 경향을 지적하고서 아울러 얼마쯤 나의 비판을 붙여 보고자 하는 바다.

*

본래에 이 문제는 중대한 문제인 동시에 대단히 방대한 문제이므로, 이것을 연구적으로 구체적으로 상세하게 해부해 비판한다 함은, 특히 간단하게 적어 달라는 이 설화서관(雪華書館)의 주문에 벗어나는 일이므로, 극히 요약해서 말하겠다. 즉, 나는 윤리적으로 나의 의견을 기술하기보다 단도직입적으로 나의 이 소론의 쾌론(快論)만을 말하자. 그것은 표제(標題)한바 명제가 제시하는 바와 같은, 자유연애에 있어 발생되는 특이한 관능적 관계에서 윤리적 의의를 발견하라는 것이다. 연애는 자유이어야만 한다. 그러나 자유와 동반하는 자율이 없어서는 안 된단 말이다. 자유의 개념은 언제든지 자율의 개념을 동반한다. 자율 없는 곳에 자유는 없다는 것이다. 성적 기능이 결여한 사람에게는 연애라는 것이 없다. 바꿔 말하면 연애의 결과는 관능적 관계를 지어 놓는다는 것이다. 이것을 다시 말하면 관능적 관계를 떠나서 연애는 성립될 수 없다는 결론이 된다.

*

나는 플라톤적인 사랑의 존재를 시인한다. 그러나 그것은 특수한 경우에만 한한다. 시인이라든가 종교가라든가 하는 사람들 중에서도 극히 소수의 사람들에게서만 발견할 수 있다는 의미에서 시인할 뿐이다. 인류의 대부분에서는 가능하지 못하다. 그것은 마치 인류의 대부분이 금욕 실행자가 아닌 것과 동일한 이유 때문이다. 그리고 나는 단지 플라톤적인 사랑이라는 것의 존재를 시인했을 뿐이지, 결코 그것이 연애의 본질이라고는 하지 않는다. 연애는 언제든 관능적 관계를 떠나서 존재하지 못한다는 것이다.

그러면 자유연애에 있어 일어나는 이 자유로운 관능적 관계를 허락할 것인가? 만약에 그것을 허락한다면 그 결과는 온갖 방탕한 비도의적 음분(淫奔)[9]까지도 허락해야만 할 것이다. 왜 그런가 하면, 사실 온갖 방탕한 비도의적

9) 음분(淫奔) : 남녀가 음탕한 짓을 행함. 또는 그런 행위.

음분까지도 요새는 자유연애라는 이름으로 용서되고 있기 때문이다. 자유연애의 진의를 삐뚜로 알고 있는, 잘못 알고 있는 자유연애의 사도들은 아침에 연애하다가 저녁에 벗어 내버려도 상관없고, 상관없을 뿐만이 아니라 그렇게 하는 것이 자유연애인 것같이 생각하며 실행하고 있기 때문이다. 사실 오늘날의 조선에는 이러한 종류의 자유연애 주창자가 수없이 많다. 그리고 그들은 이와 같이 생각하고, 또는 실행을 할 뿐만 아니라 그와 같이 하는 것으로써 자신이 신인(新人)인 것처럼 자처하고 있다는 것이다. 이야기가 이미 여기까지 이르러서는 그것은 한 개의 희극을 면하지 못한다.

*

관능적 관계의 윤리적 의의라는 것은 이 경우에 있어서 무엇을 의미하느냐 하면, 존귀한 자율적 도덕 정신에 의해 구성된 그 성적 관계를 말하는 것이다. 가장 신중한, 가장 고려 깊은, 도덕 정신과 육적 관계가 융합할 때 비로소 그것은 진실한 연애라고 할 수 있다. 진정한 의미로서의 자유연애는 이 자율 정신이 없어서는 성립할 수 없다. 한 번 보아 반해 몸을 허락하는 경박한 성적 관계는 연애라고 할 수 없다. 대개 요즘의 청년들은 '사랑한다'와 '좋아한다'를 구별하지 못하고, A가 B를 좋아한다면 그것은 곧, A와 B와의 연애 관계로 생각하는 경향이 있다. 그러나 '좋아한다'는 것과 '사랑한다'는 것에는 백 보의 차이가 있다.

그러므로 연애는 자유이나 선택과 고려를 신중히 해 조삼모사(朝三暮四)의 폐가 없도록 하라는 말이다. 그렇지 아니하면 연애의 존귀한 이유가 어디 있겠는가. 연애는 전인격적이고 숭고한 도덕적 정신의 발현이다. 비도덕적이고 음란한 동물적 관계는 연애가 아니다. 그것은 곤충의 야합(野合)이다. 그러므로 자유연애에 있어 관능적 관계는 가장 존귀한 윤리적 의의를 동반한다는 것이다.

이상은 나의 연애관의 극히 중요한 일부를 차지한 일면인 것을 끝으로 말해 둔다.

김기진(金基鎭, 1903~1985)

"그것은 곤충의 야합이다."

호는 팔봉(八峰). 충북 청원 태생으로, 배재고등보통학교 졸업 후 일본 릿쿄대학(立敎大學)에서 영문학을 공부했다. 일본 유학 시절 사회주의 사상과 문학에 관심을 갖게 되었고, 유학생 연극단체인 토월회를 설립했다. 1923년에 귀국해 박영희 등과 함께 파스큘라(PASKYULA)를 조직하고, 이후 카프(KAPF) 설립(1925)과 운영에 있어 실질적 지도자로 활동하며 수필, 비평 등을 발표했다. 태평양전쟁 당시 다수의 친일 시와 글들을 남겼다. 소설 《붉은 쥐》(1924), 《젊은 이상주의자의 사(死)》(1925) 등이 대표작이다.

범의 꼬리와 연애관

— 연애는 늙은이의 할 일

김동인

짝사랑과 실연(失戀)의 역사 외에는 갖지 못한 나에게 연애관을 묻는 것은 온당치 못한 일이외다. 왜 그러냐 하면, 나의 경우로서 짜낸 나의 연애관은 확실히 깨졌을 것이니까요.

그러나 남이 묻는 것을 회피하는 것은 더러운 일이외다. 그럼 눈을 꾹 감고 나의 연애관을 토해 볼까.

나의 눈에 비친 연애는 재미있는 장난 같음이외다. 그러나 또한 괴로운 장난 같음이외다. '범의 꼬리 쥐지도 못하고 놓지도 못하고.' 연애라는 것은 내어 버리기는 아깝고, 그렇다고 끝까지 쥐고 있지는 못할 것이외다. 언제든 한 번 놓지 않을 수 없는 것이며, 놓은 뒤에는 자기의 몸을 해하지 않을 수 없는—말하자면 범의 꼬리와 같은 괴로운 것이외다. 범의 꼬리. 과연 나의 형용(形容)은 적당하외다. 가슴 떨리는 긴장된 기쁨까지, 범의 꼬리를 잡은 때와 마찬가지일 것이외다.

그런지라 연애라는 것은 인생이라는 괴롭고 쓰라린 길에 피곤한 늙은이들은 한번 경험으로 해 볼 만한 것이되, 젊은이에게는 적당하지 않은 일이외다. 더구나 나이 어린 소년들에게는 절대로 경계해야 할 일이외다.

김동인(金東仁, 1900~1951)

"그럼 눈을 꾹 감고 나의 연애관을 토해 볼까."

평양 태생으로, 금동(琴東)이라는 호와 시어딤, 김만덕 등의 필명을 사용했다. '시어딤'은 '동인(東仁)'에서 각각 '동(東)'을 뜻하는 평양식 발음인 '시'와 '인(仁)'을 뜻하는 '어딤'을 결합해 만든 아호다. 국내 최초의 문예동인지인 《창조》를 주관하고, 〈약한 자의 슬픔〉으로 문단에 등장했다. 이광수 문학에서 보여 준 계몽주의를 탈피해 물질주의적 인간관과 예술지상주의적 예술관을 구현해 낸 소설을 선보임으로써, 비로소 소설을 현대 문예의 최고 장르로 끌어올렸다고 평가된다. 〈배따라기〉, 〈감자〉, 〈광화사〉, 〈붉은 산〉, 〈운현궁의 봄〉, 〈광염소나타〉, 〈젊은 그들〉, 〈김연실전〉, 〈대수양〉 등이 있다. 자연주의, 탐미주의, 인도주의적 성격의 작품뿐 아니라 〈수평선 너머로〉에서 추리, 〈K박사의 연구〉에서 SF적 경향을 지닌 작품에 이르기까지 다양한 작품을 발표했다. 그러나 작품과 별개로 사생활과 대인관계 면에서 부정적인 평가가 지배적이다. 대갑부로서 많은 재산을 도박과 여자로 일시에 탕진하고 방탕한 사생활 탓에 가난해지자 대중소설을 쓰기 시작했으며 친일 행각을 서슴지 않았다. 한국전쟁 당시 중풍과 폐렴 때문에 피난 가지 못하고 자택에서 혼자 쓸쓸히 죽었다.

어록(語錄) 이십(二十)

이은상

어록 몇 개로 연애관 주문(注文)에 대하려 한다. 왜 그런가 하면, 한 개의 통관(通貫)한 진리라고 할 만한 '관(觀)'도 없을 뿐 아니라 얼마 있다 하더라도 이렇게 제한된 지면에는 벌여 놓기가 어려운 까닭으로 다만 몇 개의 어록을 쓰는 것이 오히려 황송한 말로 효과를 미치게 된다면 효과를 미칠 것 같아서다.

*

연애를 한 건축물이라 하면 도덕성의 교기(教紀)[10]는 그 토대가 될 것이요, 이지(利智)의 비판력은 그 지초(地

10) 교기(教紀) : 규율과 질서

礎)가 되어야 하고 개성의 확립으로 기둥을 삼아 정열로 장식해야 할 것이다.

*

돈으로써 연애를 산다고 하는 말은 믿지 못할 것이로되, 돈 없이도 연애가 잘 진행된다는 말은 의심치 아니할 수 없다. 왜 그런가 하면 — 더구나 현대 — 연애에 있어서 돈의 지위는 기차 진행에 '레일'과 같다는 말을 믿기 때문이다.

*

갑 : "나는 그를 사랑하기에 정말 미칠 것 같네."

을 : "나는 그를 퍽 좋아하네."

어느 말이 진실성에 가깝고 영구성이 있는 것이라 할까?

*

성욕 기근 구제책은 청루에 있고 처녀의 품속은 건전한 남성만이 예배할 전당이니라.

*

처녀인 것을 자랑하지 마라. 붉은 웃음 피우는 5분간이면 동정의 청토(淸土)란 간 곳이 없는 것이니 오히려 여성인 것을 자랑하는 것이 더 뜻있는 것이 아닐까.

*

연애를 굶고는 살 수 있어도 연애에 체증이 생기면 죽는 법이다.

*

순결한 첫사랑이라고 자랑하지 말라. 남자에게는 순결이 없고 여자에게는 믿음성이 없느니라.

*

독신주의자의 죄악이 창기보다 더 크다. 누가 칸트의 순일(純一)을 보증할 것이며 휘트먼의 자식 있는 것을 부인하랴.

*

결혼 전의 연애는 제1막과 같고 결혼 후의 연애는 제2막과 같으니 연애는 결코 제1막만으로 완성되는 것이 아니요, 그 반면에 1막 없이 2막이 성립된다는 것도 쓸데없는 소리다.

*

꽃같이 화려한 연애는 쓰러지기 쉽고 해충(害蟲) 많은 연애는 상하기가 쉬우니라.

*

눈물이 너무 많은 연애에는 습기가 많아서 곰팡이가 생기기 쉬우니라.

*

어머니의 규방은 갓난아기의 종교요, 도교의 성전은 불행한 이의 어머니이니, 이성의 품속은 청춘의 종교요, 어머니니라.

*

멀면 가까우랴 하고 가까우면 멀랴 하는 것은 연애의 통성이다.

*

이지(理智) 중심의 연애는 얼어 죽기 쉽고 정열 중심의 연애는 타 죽기 쉽다.

*

전통과 인습을 숭배하는 신도는 계명 지키기에 연애를 못하고, 방종(放縱)되어 매인 것이 없는 사람은 광기에 연애를 잃어버리는 것이다.

*

연애는 목사의 설교를 기다리지 않는다.

*

연애는 실과(實果)와 같아서 너무 익어도 맛을 모르고 덜 익어도 맛을 모르는 법이다.

*

미덕(美德)으로 산다고 하면 추덕(醜德)으로도 못할 리가 없을 것이다.

*

손목을 잡고 키스를 청하는 여자는 남자에게서 따귀 얻어맞기가 쉽고, 고귀한 인격을 소유한 남성은 말 한마디에 여성의 평생을 살 수 있는 것이다.

*

믿음성 많은 사랑은 어리석은 남성에게 있다.

이상에 20개의 어록을 기록했거니와 이 양성(兩性) 교접(交接)에 대한 어록은 백 가지, 천 가지라도 오히려 적을 것이다. 그러나 지면에 넘지 않게 쓰라는 조건 주문이기 때문에 이것만 써 둔다. 이것으로는 연애관 논문 모집에 참례하기가 퍽 어려운 것 같기도 하다마는 할 수 없이 그냥 보낸다.

이은상(李殷相, 1903~1982)

"연애에 체증이 생기면 죽는 법이다."

호는 은상(隱想). 경남 마산 태생으로 시조시인, 수필가, 사학자다. 널리 알려진 노산(鷺山)이라는 호는 이광수가 지어 준 것이다. 연희전문 영문과를 다니다가 도중에 일본으로 유학을 가 와세다대학 문학부를 나왔다. 1920년대 후반 국민문학파의 일원으로 시조 부흥 및 현대화에 기여했다. 시조 〈가고파〉와 〈고향생각〉 등이 유명하다. 1930년대 중반기에 중장을 생략한 '양장시조(兩章時調)'를 처음 선보였다. 1930년대에는 《동아일보》, 《조선일보》 등 신문사에서 근무했고, 이후 이화여대 교수를 역임했다. 1966년 예술원회원이 되었다.

연애결혼의 가치성

김영진

1.

결혼은 반드시 연애결혼이라야 한다고 주장하고 있는 반면에는 현대의 소위 연애결혼이란 소위 야합(野合)을 의미함이다 하고 완강히 배척하는 사람도 많다. 외국에서는 벌써 12세기 이전의 문제에 속했던 이 연애결혼 문제가 우리 조선에 있어서는 아직 그다지 긴급한 문젯거리로도 생각하지 않을 만큼－일반을 표준해서－문제 권외(圈外)의 문제로 취급받고 있다. 그러나 도학자(道學者) 류와 완고한 부모가 연애결혼을 위험시하고 배척하는 많은 이유 중에 우리가 반성하지 않을 수 없는 한 가지 큰 이유가 있다. 그들의 실례(實例)를 일일이 지적한다. 아직 우리 조선에서는 이것이 연애결혼의 표본이다 하고 완고자(完固者)들의 눈앞에 던져 보임직한 것이 불행히도 하나도 없는 것은 사실이다. 연애결혼으로 성립된 가정에서 더욱 많은 풍파(風波)와 불평을 보여 주고 연애결혼으로 성립된 부부에서 더욱 많은 반목과 비애를 낳는다. 그러면 결국 연애결혼이라는 가치가 어디 있느냐? 연애라는 그 자체의 가치까지 의심을 받게 했음에는 과도기에 있는 희생자들의 연애에 대한 견해 여하가 그 대부분의 공과(功過)를 책임지지 않을 수 없다. 사회제도의 결함과 노인급(級)의 선입견 등은 구태여 여기서는 논하지 않는다.

2.

사람의 정신 작용에는 감정과 사상의 두 가지가 있다. 이 두 가지 작용은 판연히 구별되어서 서로 불관적(不關的) 활동을 하고 있는 것은 물론 아니나, 감정이라는 것은 자연적 · 생리적 사정에서 유래하야 의지의 힘으로써는 좌우할 수 없는 점으로서 사상과는 구별해 생각하지 않으면 안 된다. 따라서 우리가 말하는 가치를 운위(云謂)할 때는 의지의 힘으로 좌우할 수 있는 사상을 가르침이요, 본능적 충동에 의한 감정과는 몰교섭(沒交涉)한 것이다. 즉 몰가치(沒價值)한 감정의 행위에는 선악의 판단을 내릴 수 없다.

그러면 연애라는 것은 순수한 감정으로만 성립되는 것

이냐? 만약 그렇다고 가정해 볼 때는 우리는 거기에 대해 가치를 물을 권능을 가지지 못했다. 그러나 연애는 정적(情的) 요소를 함유한 동시에 사상적 요소 또한 지니고 있다. 그리하여 그것을 사상적으로 정당히 인도함에 따라 이상(理想) 가치까지 높일 수도 있는 것이다. 연애에 대한 종종(種種)의 의견을 달리함은 결국 이 점을 명확히 하지 아니했기 때문이다.

한 말로써 '애(愛)'라고 할지라도 우리는 맹목애(盲目愛)와 이상애(理想愛)를 구별해 생각하지 않으면 안 된다. 가령 자기 자신을 본능적으로 사랑하는 자기애(自己愛)라든지, 어머니가 자식을 사랑하는 본능애(本能愛)같이 다만 일시적인 고통을 면해 쾌락을 느끼는 것도 '애(愛)'로는 틀림이 없으나 이것은 순전한 감정으로부터 유로(流露)[11] 되는 익애(溺愛),[12] 즉 맹목애(盲目愛)라 할 것이다. 그러나 이상애(理想愛)에 있어서는 그러한 본능적 애(愛)의 영역을 지나서 사상적으로 반성된 것을 말함이다. 즉 아무리 일시의 고통이 있을지라도 그것을 정복하야 종극의 가

11) 유로(流露) : 감정이 어떤 상태로 나타남.

12) 익애(溺愛) : 사랑에 빠짐.

치까지 도달하기를 목적함을 말함이다. 이것은 쾌감에 수반되는 미감과 이상적 · 예술적 미감의 관계와 비교해 말할 수 있다. 즉 쾌 · 불쾌의 감정은 본능적으로 일어나는 것인 동시에 또한 일반적으로 볼 때는 쾌감을 주는 것을 미(美)로 느끼고 불쾌한 것을 추(醜)로 아는 것이 자연의 경향이라 할 수가 있다. 그러나 여기에서 생각할 점은 자연 그대로를 모사(模寫)한 사생화(寫生畵)나 사진에 대해 '천연(天然)하다'는 본능적 미감을 느낄 수는 있으나 우리는 그것을 예술적 미로는 볼 수가 없다. 다시 말하면 예술적 · 이상적 미로 판단될 무엇에는 복잡한 사상적 요소를 가지고 있어야 한다. 우리는 여기에서 본능적 연애와 이상적 연애를 구별할 수가 있다.

우리가 보통 생각하고 있는 연애라는 것은 본능적 연애, 즉 생리 기관의 발달로 인한 자연적 이성에 대한 애정인가 한다. —이것을 염정(艶情)이라고 가칭(假稱)하면 이성 간에 이러한 염정이 일게 되는 것은 피할 수 없는 일이다. 그러나 이러한 염정에 대한 가치를 말하면 전술(前述)함과 같이 어떠한 인격적 가치를 여기에다 붙일 수는 없다. 그것은 순전히 자연적인 것 이외에 아무 의의를 찾을 수 없는 까닭이다. 그러나 염정에서라도 만약 어떠한 불순한 충동을 느끼지 아니할 수만 있다 하면 일개의 순수

감정으로서 정말 아름다운 것이 되겠다. 연애지상론은 이러한 점으로 출발되는 것이다.

그러나 사람이란 어떠한 때라도 순수히 감정적으로만 살 수 없는 것이다. 가령 그것이 가능하다 가정하더라도 그러함으로써 우리의 전인격을 확충하는 이유는 되지 않는다. 왜 그러냐 하면 감정이란 맹목적 동작이므로 불측(不測)의 함정에 끌어넣는 일이 왕왕 있기 때문이다.

지금까지의 연애결혼의 실패는 순전히 여기에 있었다. 젊은 남녀가 비로소 사랑을 체험하게 됨에 따라 그 대다수는 염정의 감악(甘樂)[13]에 도취하야 사상적 반성의 여유를 주지 않게 된다. 그들의 눈에는 그 상대자에 대해 아름다운 점만을 보는 순정적인 눈밖에 없다. 모든 성격 또는 모든 생활에 대해 관찰할 수 있는 안목을 가지지 못했다. 이러한 염정을 가리켜 진정한 연애라고 연애지상론자들은 말할지 모르겠으나 이러한 애(愛)의 생명이 길지 못할 것은 상식적으로 누구라도 판단할 수 있는 것이다. 가령 모든 환경이 그들에게 종순(從順)한다 할지라도 이 애정의 내적 결함이 반드시 그 자신을 파멸케 하고야 말 것이

13) 감악(甘樂) : 달콤한 쾌락.

다. 다시 말하면, 염정의 최고 절정은 육체적 관계에 있기 때문에 그 절정까지 도달한 자는 절망의 비애와 한가지로 그 절정으로부터 다시 강하(降下)치 아니 될 것이다.

3.

그러면 이상적 연애의 착안점은 어느 곳에 있느냐? 물론 인격적 가치 완성에 있다. 그들은 부단의 노력이 필요한 대가로 영원한 생명을 얻고 있다. 노력에는 많은 반성이 수반되는 것이다. 그들은 제일 먼저 그들의 염정에 영속적 가능성의 유무를 고려해야 하겠고, 제2는 그들의 염정으로 하여금 이상적 연애에까지 도달케 할 자신력(自信力)의 유무를 심량(審量)[14]해야 하겠고, 제3은 그들의 환경이 능히 그들에게 포용성을 베풀어 주겠느냐를 생각해야 할 것이다. 이 세 가지 조건이 구비한 자라야 비로소 그들의 염정은 진정한 연애로 향상할 자격이 있는 것이다. 이 말에는 반대자가 다수일 것을 믿는다. 신성한 연애의 회독자(悔毒者)[15]라고도 할 것이며, 이러한 공리적 조건

14) 심량(審量) : 살펴 헤아림.

15) 회독자(悔毒者) : '회독자(懷毒者)'의 오기. 즉, '독(나쁜 마음)을 퍼뜨리는 자'라는 뜻.

은 순진한 애정을 죽일 것이라고도 할 것이다. 그러나 나는 그렇게 생각하지 않는다. 이러한 반대설은 이상적 연애를 말하는 자에게보다는 오히려 동양의 옛 도덕률과 현대 사회의 결함에 돌릴 것이 아닌가 한다. 왜 그러냐 하면 지금까지 우리는 이성에 대한 이해라든지 지식이라고는 전연(全然)한 맹목자(盲目者)였다. 어느 특정한 일개의 이성에 대한 이해는 고사하고, 이성 일반에 대한 하등의 준비 지식도 가지지 못한 우리에게는 맹목애에 미혹될 많은 위험성을 가진 동시에 이상의 조건을 반성함에는 진실로 과혹(過酷)한 위협을 느낄 것도 사실이겠으나, 이성에 대한 자유스러운 교제를 허(許)하고 있는 사회에 있어서는 그것이 그렇게 큰 고통을 주지 않고도 용이하게 성찰할 수 있을 것이기 때문이다.

맹목적 연애에 대한 위험성은 남성보다 여성에게 많을 것이요, 더욱이 현재 우리 조선과 같은 상태에 있는 여성이 더 그러하다. 그의 눈에 띄고 그의 마음을 끄는 남성은 그에게 있어서는 오직 전 세계를 통하는 하나라고 생각하게 됨도 무리한 일은 아니다. 그리고 그는 그의 염정이 깨이지 않고 어느 때까지라도 계속될 것을 꿈꿀 것이다. 그들은 그러한 광명과 희망 이외에 그 상대자의 가슴속에 깊이 숨어 있는 암영(暗影)[16]을 적확히 발견하기에는 너무나 남성을 알지 못하고 있다. 아니 알지 못하게 강제하는 사회에 그들은 살고 있다.

세상에는 충분한 이해와 주도한 주의로라도 실망의 심연(深淵)에 빠지게 되는 일이 왕왕 있는 것이다. 그러나 그러한 용의(用意)가 있는 자일 것이면 실패의 고민이 오히려 인간에 대한 자신의 체험과 수양으로 전화되어서 후일의 행복을 초치(招致)할 수도 있다 하겠으나, 백지와 같은 무경험과 순진한 감정적 생활에 편협한 처녀의 마음으로서는 잔혹한 경우에 한번 봉착하게 되면 그는 영원히 꺾어지고 일어서지 못할 것이다. 실연이 곧 일생의 희생을 의미하게 되는 것은 이러한 점으로부터다.

4.

친자(親子)의 애정이 육체적 혈통 관계에 계류(繫留)되어 있는 것과 같이 연애는 결혼 생활에 의해 비로소 완성되는 것이다. 염정은 다만 연애의 기초는 된다 하겠으나, 연애 그 자체로 볼 수는 없다. 그러나 염정의 절정은 육체관계로까지 이르게 하고 그 절정에까지 이른 염정에

16) 암영(暗影) : 어두운 그림자.

상당한 반성을 가하게 되면 그때로부터 진실한 연애적 결혼 생활은 시작하게 되는 것이다. 바꿔 말하면, 진정한 성교(性交)는 곧 결혼을 의미한다. 현재의 사회 제도는 의식이라는 형식에 결혼이라는 명목을 가하고 성교를 도리어 결혼 생활의 의미로부터 제외해 버렸다. 이것은 명료한 의의(意義) 전도(顚倒)다. 이러한 착오로부터 중혼(重婚)이라는 것은 벌하면서 방종한 성교만은 묵인하게 되는 것이다.

이상에 의해 연애가 남녀로 하여금 결혼 생활에 입(入)케 하는 교량인 동시에 핵심임이 분명해졌다고 생각한다. 연애가 없는 결혼 생활은 제도의 희생이며 무의미한 형해(形骸)[17]임도 다시 말할 필요가 없다. 여기에는 다만 제군(諸君)의 기억을 깊이 하기 위해 염정은 연애의 기초요, 연애는 결혼 생활의 교량이요, 결혼 생활은 인격 완성의 요소임을 다시 말해 둘 뿐이다. 그러나 이것은 모두 연관적 관계에 연쇄되어 있는 것이요, 결코 신진고퇴(新進古退)[18]의 무책임한 물질대사 관계가 아님을 또한 기억해

---

17) 형해(形骸) : 몸과 뼈. 곧 어떤 구조물의 뼈대를 이루는 부분을 이르는 말. 여기서는 결혼 생활에 연애가 빠진다면 핵심이 빠진 것과 같음을 의미하는 정도로 사용되었다.

두어야 한다. 그리하여 남편은 아내의, 아내는 남편의 결점과 장처(長處)를 잘 이해해 서로서로의 인격적 완성에 연애결혼의 이상적 가치를 발견하게 되는 것이다.

*

이제 다시 우리 조선의 청년 남녀가 생각하고 있는 연애의 의의와 그 연애결혼의 실패를 분절하야 말할 필요는 없을 줄 안다. 우리가 생각하고 있는 연애는 아직까지 염정에 지나지 않는다. 즉, 맹목애(盲目愛)를 꿈꾸고 있는 시기에 있다. 우리는 많은 성적(性的) 지식의 보급이 긴급하다는 것을 마지막으로 말해 둔다.

---

18) 신진고퇴(新進古退) : 새 것은 앞으로 나아가고 옛 것은 뒤로 물러난다. 곧 계속 바뀌는 것을 의미한다.

김영진(金永鎭)

"연애는 아직까지 염정에 지나지 않는다."

알려진 것이 없다.

연애관

김윤경

연애는 인생 생활의 중요한 한 방면인 동시에 생활의 각종 형식을 구성하고 분화하게 하는 것이외다. 간단히 말하면 개인 존재의 원인이 되는 동시에 사회적 생활의 원동력이며, 또한 토대라고 하겠습니다. 만일 인류의 분리 고립의 생활이 불가능하고 공동생활이 신성한 것이라 하면 연애는 신성한 것이라 할 것이외다. 왜 그러냐 하면, 연애라는 강한 본능적 욕구가 아니면 가정이라는 사회적 한 단위인 단결이 없을 것이며, 그것이 아니면 종족 단결의 발달인 국가[히브리 국(國) 같은 것은 그 적합한 예]가 성립되지 못할 것이외다. 민족적 단결이나 국가적 단결의 가부(可否)에 대해서는 여러 입장의 다름을 따라 시비(是非)하는 일도 없지 아니하니 그만 두고라도 사회적 생활, 즉 상호 부조적(扶助的) 필요로 생기는 공동적 단체 생활은 인생을 부인하지 못하는 이상에는 부인할 수 없는 엄연한 사실인즉, 성적(性的) 애착, 즉 연애는 그 결합체라 아니할 수 없을 것이외다. 그런데 호사다마(好事多魔)로 이 신성해야 할 성적 문제에는 미련(未練)으로, 혹은 오입(誤入)으로, 혹은 유혹으로 한 평생을 불행하게 하는 동시에 사회상에도 다대(多大)한 손상을 끼치는 일이 허다합니다. 안정된 사회에서도 이것으로 말미암아 야기되는 불행한 문제가 허다하겠지만 과도기에 있는 우리로서는 더욱 착잡 문란을 일으키는 어려운 문제가 됩니다. 이 과도기의 우리에게 당한 어려운 문제에 대한 몇 가지 의견을 들어 참고에 들이고자 합니다.

1.

이혼 문제. 이 문제의 원인은 여러 가지가 있겠지마는 여기서 특별히 말하고자 하는 바는 지식 있는 일방(一方)이 지식 없는 타방(他方)에 대해 제기하는 것이외다. 원래 우리 조선에는 남존여비(男尊女卑)의 습관(세계 어느 나라든지 다 그러했지만)이 있어서 신사상, 신문화를 수입함에 당(當)해도 이것을 먼저 접촉하게 되는 자는 또한 남자였습니다. 그리하여 전에는 교육[유학(儒學)에 불과한 것이지만]이라 하면 자못 남자의 독점물이었습니다. 이는 전에 뿐 아니라, 현시(現時) 신교육에 대해서도 그 경향이 농후합니다. 그리하여 남자에 대한 교육 기관은 비교적 다수에 비교적 충실하되, 여자의 교육 기관은 비교적 소수에 비교적 영성(零星)[19]합니다. 그 불구적(不具的) 사상으로 말미암아 생긴 불구적 시설 혹은 제도의 결과로 남녀의 지식 정도가 병행되지 못하게 되었습니다.

그러한 데다 조혼(早婚)의 악습이 있어 중류 이상 사회일수록 어린 자녀를 혼인하게 되었습니다. 그런데 교육의 기회를 받을 만한 자는 다 이 중류 이상 사회인 까닭에 신교육을 받으러 오는 자들은 대개 구식대로 어리고 무식한 채로 결혼한 자였습니다. 그런데 이 결혼한 남녀 중에 남자는 시대의 진운(進運)에 따라 신교육을 받을 수 있었지만 여자는 습관의 구속도 있거니와 실제상 결혼한 여자로는 마음이 있을지라도 여러 가지로 방해될 점이 많은 까닭에 교육을 받지 못하게 되었습니다. 이것이 일방(특히 남자)은 유식하고 일방(특히 여자)은 무식하게 된 원인이며, 따라서 정신생활상 피차에 현격한 생활, 몰이해한 별세계적 생활을 하게 하고, 따라서 이것이 이혼 문제의 기인(基

---

19) 영성(零星) : 숫자가 적어 보잘것없음.

因)[20]이 된 것입니다. 또한 선각(先覺)이 있는 부모라도 여자를 교육하려 하면서도 남자는 결혼하고도 교육시키기에 그다지 큰 직접적인 방해가 없기 때문에 예사로 조혼을 하고 학교에 보내지마는(나중에 야기될 문제까지는 깨닫지 못하는 때문에), 여자에 대하여는 출가시키고는 교육시키기에 직접 방해가 되므로 교육시키고자 하는 여자에게는 출가시키지 않게 되었습니다. 이것도 또한 성혼기(成婚期)에 이르러 직접 간접으로 이혼 문제를 야기함이 허다하게 됩니다. 즉, 남자는 지식을 닦고 나니 몰이해의 배우자가 있는 동시에, 여자는 지식을 닦고 나니 지금까지 처녀인 동시에 동등의 지식을 가질 만한 남자는 대개 기혼이어서 적당한 배우자를 선택할 길이 막힘으로 첩으로 가거나 마음에 있는 기혼 남자를 들쑤시어 이혼하게 하거나, 그렇지 아니하면 무식한 남자를 택하거나 할 수밖에 없습니다. 이것이 지식 계급 남자의 이혼 문제가 생기는 이유며, 또한 지식 계급 여자가 매음적(賣淫的) 첩 생활(잠시 돈 받고 돌림 첩 노릇하는)로 타락되거나 좀 똑똑하다는 여자면 이혼 선동자 노릇을 하게 되는 이유외다. 이것이

20) 기인(基因) : 근본적 원인.

과연 한 가지 큰 사회적 문제가 되는 것이외다. 또한 현재에 연애한다 하면 대개 이러한 남자나 여자를 이르는 말이 된 소이(所以)외다. 그런데 이러한 남녀를 덮어놓고 공박(攻駁)[21]함도 무리한 일이거니와 그것이 합당한 일이라고 주장함도 무리한 일이라 하겠습니다. 왜 그러냐 하면 전자는 너무 이타적 희생주의에 흐름이고, 후자는 너무 이기적 향락주의인 까닭이외다. 그러나 위에 말한 그러한 이혼은 아니 하겠기에 그다지 자기희생이 되겠다 싶어 주장하는 것은 아니외다. 그러하나 이혼한다 하면 적어도 수천 명 되리라고 짐작된즉, 그 이혼당할 여자(다수는 자녀를 이미 생산한 여자)와 그 소생인 자녀를 위해 간과하지 못할 중대한 문제가 야기되게 됩니다. 이것은 개인적 문제에 그치지 아니하고 중대한 사회적 문제에 이르게 되는 것이외다. 이렇게 말하면 당사자가 가장 유력하게 주장하는 것이 이것입니다. 그 무식한 이혼당할 여자의 전정(前程)[22]이 가석(可惜)하지 아님이 아니며, 또한 이러한 여자가 다수에 달한다 하면 사회상 중대한 문제가 아니

---

21) 공박(攻駁) : 남의 잘못을 따져 공격함.

22) 전정(前程) : 앞길.

되는 것이 아니나, 그러한 몰이해하는 자와 동거함으로 생기는 고통은 당사자 일개인으로만 그치는 것이 아니라, 그 고통으로 말미암아 그 남자가 사회에 공헌할 큰 정력을 허비하게 하며 사회에 일대 손실을 끼치게 된즉, 차라리 여자를 희생하고 사회에 더 큰 공헌을 하는 것이 낫다 함이외다. 그러나 얼핏 생각하면 그러할 듯하고 또 일리가 없는 것은 아니겠소이다. 그러나 자세히 생각하면 궤변임을 알 것이외다. 그 고통이라는 것은 자기가 마음에 맞는 여자를 데리고 향락 생활하지 못함으로 말미암아 생기는 것인즉, 결국 향락에 탐일(耽逸)[23]하고 말 것인즉, 사회상에 공헌할 여지가 어디 있겠습니까? 만일 사회적 봉사를 할 사람이면 차라리 독신 생활을 하거나 기왕 혼인을 했다 해도 그 가정생활에서 무슨 불쾌를 느끼고 그것을 중대시해 고통하기까지 이르지 아니하리라 생각합니다. 그런즉 사회적 봉사를 위해 이혼한다 함은 결국 이기주의적 향락 생활에 가면을 쓰는 것에 불과한 궤변이라 하겠습니다.

23) 탐일(耽逸) : 몰래 즐김.

2.

연애. 그리고 연애라는 말의 뜻에 대해 좀 생각해 보고 싶습니다. 요새 '연애, 연애' 하고 흔히 부르지만 실제 사실로는 그 이름을 붙일 만한 성적 애착을 나는 발견할 수 없다고 생각합니다. 첫째, 연령으로 볼지라도 아직 아무 인격도 자리 잡힘도 없는 미성숙한 자로서 일시적 충동으로 야욕만을 채우기 위해 남녀 간에 유혹의 수단을 쓰는 것을 연애라고 명칭을 남용합니다. 그러나 그것은 결코 연애는 아니외다. 연애를 모독함이외다. 적어도 조변석개(朝變夕改)하는 미숙한 의지가 확연부동(確然不動)하게 되어 이성 간에 그 인격의 흠모, 경앙(敬仰)으로부터 영구히 결합하지 않고서는 만족을 얻지 못할, 그러한 '인격 앙모(仰慕)'로부터 연결되어 변화 없이 한평생 가더라도 다른 이에게서는 얻어 보지 못할 치연(馳戀)[24]의 마음이 그치지 아니할 만한 상호 경앙이 있고서야 연애라 할 것이외다. 적어도 롱펠로(Longfellow)의 시의 주인공인 에반젤린(Evangeline)과 가브리엘(Gabriel) 사이의 생활과 같아야 연애라는 명칭을 쓸 것이외다. 그다음으로 또 이상으

---

24) 치연(馳戀) : 제멋대로 하는 연애. 방종한 연애.

로 볼지라도 상대자의 인격, 그것을 애착함이 아니고 흔히 딴 목적을 가지고 이것을 한 수단으로 이용하려 드는 것이 자못 그 대다수, 혹은 거의 전부라 하겠습니다. 즉, 상대자보다 그 금전이나 그 지위나 그 환경이나 그 외모를 원(原) 대상으로 해 결합되는 것입니다. 그리하여 나중에 그것(즉 목적하던)들의 조건이 소멸되는 동시에 곧 이혼 문제가 잇대어 일어나는 것이외다. 그러나 상당한 연령이 차도록 수양한 결과, 요지부동할 만한 어떠한 훌륭한 인격이 건설된 자로서 남녀 간 서로 경애 흠모해 애착심이 일어났다 하면 결코 그 애착심에 대한 변절이 생기지 아니할 것이외다. 따라서 연애라는 말을 쓰게 될 것이외다.

그런즉 16~17세로부터 24~25세까지 청년의 위험기, 즉, 춘기(春機)[25] 발동기에는 본능 발휘, 즉 생식 기관의 성숙으로 말미암아 발동되는 이성에 대한 맹목적 호기심으로 부지불식(따라서 인격 여하야 알 수도 없는)의 이성에게 유혹적 염서(艶書)를 왕복한다든지, 혹은 순간적으로 잠깐 보고 일어나는 본능적 충동으로 어느 공원, 혹은 집에서 만나자고 해 야욕이나 채우려고 하는 행동 같은 것

25) 춘기(春機) : 남녀 사이의 성욕.

은 타락의 전형이라 할 것이외다. 또한 이 발육 왕성으로 기인되는 정진적(精進的) 용기는 선진자, 경험자의 전감(前鑑)[26]적 교훈이나 지도도 귀에 들리지 아니하고 눈에 보이지 아니할 것이므로 가장 위험한 시기라 이르는 까닭이외다.

1925.06.13. 오전 2시 완료

---

26) 전감(前鑑) : 본받을 만한 지난날의 교훈.

김윤경(金允經, 1894~1969)

"그러나 그것은 결코 연애는 아니외다."

호는 일파(一波). 순우리말인 '한결'이라는 호를 더 즐겨 사용했다. 경기도 광주 출생으로, 14세까지 한문을 수학하다가 서울에 상경해 청년학원에서 주시경 선생으로부터 국어 문법 강의를 받고 감화되어 평생 국어 연구에 뛰어들었다. 명저 《조선문자급어학사》(1938)를 남겼다. 국어사전 편찬, 한글 맞춤법 제정, 표준말 사정, 국어 연구, 국어 강습회에 적극 참여한 그는 한글학회[조선어연구회(1921)에서 조선어학회(1931)를 거쳐 해방 후 한글학회로 개명] 창립회원으로 활동했다. 조선어학회 사건으로 옥고를 치르기도 했다. 1948년에 초등, 중등 국어 교본 편찬 위원으로 국어 문법 교과서인 《나라말본》과 《중등말본》을 펴냈다. 또한 국어 정책 수립에도 참여해 국어 교육의 기초를 다졌다. 연세대에서 국어학 강의와 연구에 매진한 국어학자, 한글운동가이기도 하다. 학문을 인정받아 학술원 종신회원이 되었다.

운명의 연애

이익상

'Love is Best'라고까지 할 수 없으나 인생에 연애 문제는 매우 중대한 문제라고 생각합니다. 사랑이 없는 인생은 고적(孤寂)합니다. 그러나 이것은 그러한 고적을 느끼기 쉬운 사람에 한해 그러할 것이외다. 세속적 도덕률이나 가장 이성적으로 모든 것을 판단 비평할 때에는—냉정한 태도로 인생을 떠나 한 층 위에서 내려다볼 때에는 연애니 쟁투니 하는 모든 것이 하나의 우스운 일이겠습니다만 그래도 감정을 가진 평범한 인간으로 생활이라는 과정에서 사람으로서의 생명을 가지고, 또는 생명의 요구를 채우려 한다 하면 연애 문제란 그렇게 치자(稚子) 용녀(庸女)[27)]의 향락적 행위라고만 볼 수 없습니다. 이 연애라는 것은 그렇게 추상적 문제가 아니요, 구체적 문제입니다. 또는 관념적 문제가 아니요, 실제적 이치의 문제입니다.

우리의 이상적 사색은 기아(飢餓)의 공박(恐迫)[28]이 있을지라도 결코 비굴하거나 탐욕을 내어서는 안 될 것입니다마는 기아의 공박에 비굴한 생각이나 탐욕한 생각을 아니 느끼는 사람이 얼마나 되겠습니까?

물론 우리 생활 자체를 철학적으로 당위 문제에 연결시켜 생각한다 하면 소크라테스나 칸트 같은 생활을 얻을 수 있겠습니다마는 이것은 모두 관념적 생활이외다. 근일에 와서 이러한 연애에는 소위 철학적으로 기초를 붙여 설명하려는 경향도 물론 없는 것은 아니로되, 어디까지나 이것은 현실 문제이며 인간적인 문제인 고로, 관념 생활이나 또는 도덕률로 보면 그러할 가치문제를 붙여 생각할 것은 없겠습니다.

또는 극단의 육욕설(肉慾說)을 주장하는 사람은 어떠한 우부우부(愚夫愚婦)가 일시 충동으로 어떠한 곳에서 야합(野合)을 하겠다 하는 그러한 것을 가르쳐서도 곧 연애를 설명하려 합니다. 물론 인생이라는 자체가 반수반인(半獸半人)의 권화(權化)[29]에 지나지 않으므로(인간다울

27) 치자(稚子) 용녀(庸女) : 어린 아이와 용렬한 여자.

28) 공박(恐迫) : 두려움과 궁색함.

29) 권화(權化) : 부처나 신적 존재가 중생을 구제하기 위해 세상에 사

수록 그러함) 모든 행위를 단순히 욕정적 행위에 결부시켜 버리는 것도 확실히 인생의 일면을 파악한 것이라고 할 수 있습니다. 그러나 이것은 확실히 그의 일면에 지나지 않습니다. 말하자면 한 평면적 관찰에 지나지 않습니다. 결코 입체적 관찰은 되지 못할 것입니다. 육적 행위의 결과를 가르쳐서 연애라고 할 수 있다 하면 이것은 별문제이나, 그렇지 아니하고 우리의 정신적 방면도 생각한다 하면 플라토닉 러브(Platonic Love)[30]도 인정하지 않을 수 없습니다. 그러나 이것은 가장 어려운 일이겠지만 실제로 보면 이러한 예도 많이 있을 것입니다. 어떠한 여성과 남성이 서로 동경하고 사모해 그러한 육적 행위에 들어가지 않고 그대로 어떠한 동기에 자기네의 생활을 다른 방면에서 영·육 양편으로 개척하게 되었다 해도 그러한 '플라토닉'한 사랑을 결코 저주할 것도 없으며 증오할 것도 없습니다. 따라서 자기 양심에도 부끄러울 것이 없을 것입니다. 도리어 두 사람 생활에 순진(純眞)을 느끼며 생활을

람으로 나타나는 것. 또는 분신, 화신으로 나타나는 것.

30) 플라토닉 러브(Platonic Love) : 고대 그리스 철학자인 플라톤(Platon)이 말한 사랑의 개념. 플라톤은 관능적이고 육체적인 사랑보다 정신적인 사랑을 더 중시했다.

어느 방면으로 정화(淨化)시킬 것입니다. 그러므로 나는 이러한 델리케이트(delicate)한 문제를 일반 세속적으로 욕정이나 충동을 채우기 위한 향락적 행위라고만 생각하고 싶지는 않습니다.

그리고 연애라는 것은 세상 사람이 항상 생각하기에는 향락적이고 비사회적이요, 비도덕적이라 하는 듯싶습니다. 그리고 그 행위가 어떠한 파렴치한 행위처럼 여기는 경향도 없지 않겠습니다. 이것은 연애한 결과가 자연히 그러한 것을 낳기 쉬운 까닭입니다. 여기서 우리는 정신적인 방면이 더욱 필요합니다. 제일애(第一愛)에 대해서는 책임감이 있어야 할 것입니다. 방종요분(放縱遙奔)[31]을 연애 생활이라고 할 수 없는 것이 이러한 까닭입니다.

연애를 일대(一大) 우상시하는 맹목적 청년 남녀가 없는 바는 아니나, 적어도 우리의 이상적인 애(愛)의 생활에는 맹목 그것만으로 안 될 줄 압니다. 제일, 일시(一時)의 충동이나 본능을 떠나 정신적으로 둘이 서로 결합을 요구해 동경하는 것이어야 할 것입니다.

이 정신적 결합 요구야말로 비로소 참으로 사랑이라고

---

31) 방종요분(放縱遙奔) : 거리낌 없이 제멋대로 행동해 분란과 소동을 일으킴.

부르고 싶습니다. 정신적으로 서로 사랑을 느끼게 되는 것이 비로소 완전한 생명의 요구라고 할 수 있습니다. 이 참생명의 요구에는, 이 동경의 앞에는 모든 도의적 관념이나 사회적 지위나 장차 닥쳐올 공박(恐迫) 같은 것도 도무지 고려하지 않게 되는 신념이 생기는 동시에 자기의 생에 대해서만 충실하게 되는 것인 듯합니다. 그러므로 혹은 소극적으로 자기의 생명 요구에 충실하기 위해 정사(情死)[32]니 무엇이니 하는 일도 생기는 것인 듯합니다.

그런데 이러한 생활이란 외부에서 보는 그것과 달라서 자기의 생활을 체험하는 그 당사자들의 소위 애적(愛的) 생활이라는 것은 그렇게 향락적이 되지 못합니다. 연애 중에는 물론 꿀같이 단 것도 있겠지만 많은 경우에는 제삼자가 보는 그것과는 다른 고통을 맛보게 되는 것이라 합니다.

모든 것이 우리 인생의 짧은 생애 중에 일어나는 하나의 섬광에 지나지 못하는 것을 그렇게 중대시할 것은 없으나 이 연애 문제는 어쨌든 섬광 중에서도 가장 참된 섬광이자 힘이 있는 섬광입니다. 이 섬광 가운데에도 그렇게 금강석같이 황홀한 빛이 감춰져 있는 것이 아니라, 그 가

---

32) 정사(情死) : 사랑하는 남녀가 사랑을 이루지 못하고 함께 자살하는 것.

운데 연지옥(煉地獄)[33]의 화재(火災)같이 고통인 것도 있습니다. 이러한 결과에 우리는 많은 고통에 빠지는 일이 있습니다. 그러므로 나는 연애는 선택이 아니라 운명이라는 것을 인정합니다. 어떠한 불가항력으로 들어가게 되는 것인가 합니다. 이러한 운명관을 가지게 되는 것은 좀 부자유한 사회 도덕률과 자기의 참생명의 요구와 충돌되는 데에서 일어나는 것이라 합니다. 이러한 생의 요구로 일어나는 비관은 비로소 인간의 정체를 비춰 줄 줄 믿습니다. 그때에 세간적(世間的)으로, 또 자기 정신적으로 시달린 감정에서 피는 꽃이 있다 하면, 그것은 고민의 결정(結晶)일 것입니다. 이 고민은 사람마다 원하는 고민이외다. 한번은 맛보아야 할 고민이외다. 그러나 이 고민을 맛본 사람은 아직 맛보지 못한 사람의 팔을 붙들고 만류하게 됩니다. 만류해야 합니다. 그러나 만류하면 만류할수록 그들은 손을 뿌리치고 맹진(猛進)합니다. 받아야 할 운명은 받아야 할 것인가요?

33) 연지옥(煉地獄) : 불지옥. 쇠를 녹이는 용광로의 불 이상으로 견디기 힘든 뜨거운 불로 죄인을 벌주는 지옥.

이익상(李益相, 1895~1935)

"한번은 맛보아야 할 고민이외다."

전북 전주 태생으로 호는 성해(星海), 본명은 이윤상(李允相)이다. 서울 보성고등보통학교와 일본 니혼대학(日本大學) 신문과를 졸업했다. 일본 유학 전 부안공립보통학교 교사로 있을 때, 시인 신석정의 재능을 발견해 그를 문학의 길로 이끌어 주었다. 일본 유학 도중 사회주의 사상을 접한 후 진보적 문예운동에 참여했다. 1921년 《학지광》을 통해 작품을 발표하며 소설가로 등단했다. 1923년 《백조》 동인인 김기진(金基鎭) · 박영희(朴英熙) 등과 함께 현실 극복을 위한 '힘의 문학'을 주장하면서 파스큘라(PASKYULA)라는 문학 단체를 만들었다. 조선프롤레타리아예술동맹(KAPF) 발기인으로 참여했다. 1920년대 중반 나온 단편 소설 〈광란〉, 〈흙의 세례〉, 〈쫓기어 가는 이들〉 등이 대표작이다. 1926년에는 단편집 《흙의 세례》(문예운동사)를 간행했고, 여러 신문사 기자로 근무했다. 일제의 침략 정책과 만주국 건설을 정당화하고 찬양한 글을 다수 발표했다. 40세의 나이에 사망했다.

실제록(失題錄)34)

김영보

사람이 산다 함은 무엇을 욕구한다 함이다. 이 욕구가 있으므로 우리는 사는 것이다. 사람은 누구든지 약하고 강하다는 차이는 있을지언정 욕구 없이는 살지 못하는 것이다.

*

우리는 황금을 사랑하므로 그것을 욕구한다. 지식을 사랑하므로 그것을 욕구한다. 명예, 지위, 권세, 극락, 이

34) 실제록(失題錄) : 실제(失題)는 무제(無題), 곧 제목이 없다는 뜻이다. 따라서 '실제록'은 '제목 없이 쓴 글' 정도의 의미다. 채만식의 장편소설《태평천하》제10장의 소제목도 '실제록'이다. 20세기 전반기 문인들이 '무제' 대신 '실제'를 종종 사용했다.

모든 것을 사랑하므로 우리는 그것을 욕구한다. 그렇다. 우리는 사랑하므로 그것을 욕구한다. 만약 이 세상에서 아무것도 사랑할 줄 모르는 자 또는 아무 것도 사랑할 수 없는 자가 있다 하면 얼마나 그는 불행한 자요, 가련한 자일까?

이와 같이 우리는 많은 것을 사랑하므로 많은 욕구를 가졌다. 이것이 즉 우리의 생활이다. 그러나 이 중에서 가장 큰 욕구가 있다. 그것은 신생명(新生命)의 창조다. 신생명을 창조해 자손이라는 것으로 자기를 영구히 보존코자 하는 욕구야말로 우리의 생활 중 가장 큰 욕구일 것이다. 마치 태양계의 온갖 활동이 태양을 중심으로 해 영작(營作)되는 것과 같이 우리의 생활은 신생명 창조의 욕구와 만족을 중심 삼고 온갖 생활이 시작되는 것이다.

*

우리는 이 목적을 위해 이성(異性)의 결합을 구한다. 생식 작용을 행한다. 그리하여 자기를 영구히 보존코자 한다. 자녀가 없는 자는 불효 중에 그 죄가 가장 크다는 사상과 옛날 도덕에서 관허(寬許)[35]이라는 축첩(畜妾)의 나쁜 풍습은 그 근거가 이 점에 있다 할까? 어떻든 생식 작용은 인간 생활에서 가장 중대한 것이다. 그러나 이 생활은 인간에게만 있는 것은 아니다. 이 세상에 있는 온갖 생물은 다 그러하다. 오직 다른 것은, 사람은 이성의 결합이 연애라는 것으로 성립되고, 그 밖의 생물은 그렇지 않다 함이다. 연애는 사람에게만 있는 아름다운 인생의 꽃이다. 나는 옛 사람의 말을 고쳐 인간이 만물의 영장인 소이(所以)는 사람은 연애라는 꿈을 향락할 수 있다는 까닭이라 한다. 이에서 나는 연애지상론자가 되기를 주저하지 않는다. 그러므로 만약 연애가 없는 생식 작용을 행했다 하면, 그의 생활은 사람의 생활이 아니라 야수의 생활을 하는 자요, 곤충의 생활을 하는 자라 한다. 다시 말해, 우리는 우리의 생명을 영구히 보존하기 위해 이성의 결합을 구하는데 연애를 전제로 한다. 그러므로 연애는 신성하다. 또 우리의 생활 중 가장 큰 욕구를 만족케 하는 근본인 고로, 연애는 우리의 생활 중 가장 거룩하고 가장 아름답다 한다.

*

연애는 신성하다. 우리의 생활 중 가장 크고 가장 참되고 가장 아름답다. 그러나 연애만이 우리의 전(全) 생활은

---

35) 관허(寬許) : 너그럽게 허용함. 널리 인정함.

아니다. 우리가 빵만으로 생활할 수 없는 것과 같이 연애만으로는 생활할 수 없다. 이에 이상가(理想家)들은 부르짖는다. "왜 우리는 연애만으로는 살 수 없다 하는가?"라고. 그러나 그 이상가 자신은 공중에 떠 있는 두뇌만이 아니요, 오장(五臟)을 버틴 두 다리가 대지에 붙어 있다는 사실은 아주 잊은 것같이 모르는 체한다.

*

빵과 연애의 충돌은, 육(肉)을 가진 한편에 영(靈)을 가진 우리의 면치 못할 사실이다. 그러나 이 두 가지는 대립치 못할 성질을 가진 것이 아니다. 자기의 연애만을 위해 빵의 생활을 돌아보지 않고 우리가 살 수 없는 것과 같이 빵을 위해 자기의 연애를 희생한 생활은 완전한 생활이라 할 수 없다. 완전한 사람의 생활이라 할 수 없다. 왜냐하면 인간 생활 중의 가장 큰 생활을 잃어버린 까닭이다. 빵에만 급급해 자기의 연애를 희생하고 가장 승리자인 체하는 자가 가소로운 것같이 자기의 연애에만 열중해 육을 죽이는 자도 가련한 자다. 두 개의 자동차 바퀴 중 그 한 개가 손상한 경우에 우리는 그것을 다시 고쳐 완전케 할 지혜와 능력을 필요로 한다.

*

신성한 연애는 반드시 혼인을 전제로 한다. 신생명의 창조에는 이성 결합을 요하기 때문이다. 그러므로 혼인을 망각한 연애는 방탕아의 일종 유희다. 자기 스스로 자기 정조(貞操)를 희롱하는 죄악이다. 그러나 반드시 형식적 수속을 요하지 않는다. 연애로써 성립된 결합이면 그것으로써 족하다. 문문(汶汶)[36]한 저능아들의 비웃는 야합이라는 비난은 실은 연애가 없이 결혼한 자가 받을 비난이다. 그러므로 연애가 없는 혼인은 여하히 세간(世間)의 법식을 갖추었다 할지라도 이는 매음부(賣淫婦)의 생활, 방탕아의 생활에 지나지 않는다.

*

연애는 인생 생활의 최고 최선의 도덕이다. 그러므로 연애 생활은 다른 도덕 생활과 충돌될 이유가 없다. 부모에게 불효를 끼칠까 해 자기의 연애를 희생했다 하는 자가 있다 하나 우리가 부모를 효로써 섬긴다 함은 전혀 부모만 위해서 하는 행위가 아니다. 그보다는 자기 자신을 위해

36) 문문(汶汶) : 수치스럽고 치욕스러움.

부모에게 효순(孝順)하는 것이다. 만약 자기 자신을 억지로 죽이고 부모를 섬긴다 하면 이는 효가 아니라 자기를 속이고 부모를 속인 대악인(大惡人)이다. 그러면 자기를 위한 효 생활이 자기를 위한 효행에 무슨 지장이 되리요? 다 같이 자기 생활의 충실을 위한 노력이다. 현대의 도덕은 자기 생활의 완성을 근거로 한 도덕이 아니면 거짓이다. 자기가 있은 후에 우주가 있는 것과 같이 자기가 있은 후에 연애가 있고 부모도 있다.

*

연애는 또 시기의 제한이 없다. 공부할 시기인 고로, 사업할 시기인 고로 하는 이유로 연애를 버리라 해도 그것은 불가능한 일이다. 만약 이러한 이유로 연애를 중지했다 하는 자가 있다 하면 그것은 바른 의미의 연애가 아니다. 대지를 뚫고 나오는 연한 싹이 비록 약하다 할지라도 그의 살고자 하는 힘은 매우 크다. 누가 그 힘을 시기가 이르지 못했다는 이유로 막을 수가 있을까?

*

그러나 연애는 맹목적이지 않다. 더욱이 근대인의 연애는 맹목적이지 않다. 누가 돋아 나오는 싹을 보고 맹목적이라 하랴? 비록 단단한 흙과 모진 돌이 자기의 살고자 하는 노력을 방해한다 할지라도 그는 결국 부드러운 곳을 가리키고 따뜻한 햇볕을 좇아 자기의 목적을 달하고야 만다. 누가 이를 가리켜 맹목적이라 하랴?

연애는 또 국경을 초월해 있다고 한다. 어찌 국경뿐이랴? 모든 도덕, 법률, 인습을 초월해 있다. 그러나 어디까지나 일부일부주의(一夫一婦主義)다. 일부일부주의라 함은 법률상으로서의 의미가 아니다. 진정한 혼인은 진정한 연애만으로 성립된다 하면 연애가 없는 부부는 진정한 부부가 아니다. 비록 법률상 배우자가 있는 자가 연애하는 다른 법률상 배우자 있는 이성과 결합이 되었다 할지라도 그것은 엄격히 일부일부주의를 철저히 신봉하는 사람이 되는 것이라 조금도 부끄러워할 바가 없다. 법률상 간통이지만 진정한 도덕상으로는 간통이 되지 않는 경우가 있는 것과 같이 법률상 정당히 일부일부(一夫一婦)로 된 혼인이 진정한 도덕이라 보면 간통죄에 해당할 경우가 많지 않다고 할 수 없다.

연애는 신성하다. 인생 생활 중 가장 크고 가장 참되고 가장 아름답다. 그러나 연애만이 우리 인간 생활의 전부는 아니다.

하늘의 별들이여, 힘껏 뛰어라. 땅 위의 꽃들이여, 힘껏 웃어라. 그리하여 붉은 피 뛰노는 젊은이의 사랑에 고조(高調)된, 높고 굳센 노래를 축복하자.

6월 3일

김영보(金永俌, 1900~1962)

"연애만이 우리 인간 생활의 전부는 아니다."

호는 소암(蘇巖). 부산에서 태어나 개성에서 자랐다. 개성 한영서원(韓英書院)에서 초등부터 중등, 고등 과정을 마쳤다. 1921년 개성학당 상업 교사로 재직할 때 극단 예술협회(藝術協會)에 관여하게 되면서 희곡을 쓰기 시작했다. 예술협회의 요청으로 쓴 〈정치삼매(情痴三昧)〉·〈시인의 가정〉·〈나의 세계로〉·〈연(戀)의 물결〉·〈구리십자가〉, 이 다섯 편의 희곡을 묶어 1922년 국내 최초의 창작 희곡집인《황야에서》를 출간했다. 다섯 편의 희곡은 전통 인습 타파를 설득력 있게 제시한 작품들이다. 당시로서는 파격이라 할 정도로 진보적인 도덕관까지 제시했으나, 전체적으로 흥미 본위의 통속극에서 벗어나지 못했다. 축약본이지만, 괴테의《젊은 베르테르의 슬픔》을 한국어로 처음 번역, 소개하기도 했다. 와세다대학에서 영문학을 공부하고 귀국했다. 경성일보사 기자로 입사해《매일신보》기자로 활동했다. 해방 후에는 대구 최초의 지방지인《영남일보》를 창간하고 사장을 역임했다.

평범(平凡) 이하의 연애관

이일

묻는 말씀에 대해 무엇을 쓸까 하는 것은 문제가 아니지만, 어떻게 쓸까 하는 것이 문제입니다. 그래서 나는 얼마를 두고 주저했으며 생각을 다시 반복해 보았습니다. 그 이유는 내가 가지고 있는 연애관이 정확한 것일까, 혹은 말하고 싶은 대로 아무렇게나 했다가 연애 모독죄나 지지 않나 하는 등이었소. 그리고 또는 당당한 제가(諸家)의 훌륭하고 신성한 연애관 근처에 나의 평범에도 미치지 못하는 것이 말석의 한 구석이라도 점령하는 것도 선조 시대부터 없었던, 신분에 너무 넘치는 영광이라, 영광은 누구나 얻기 좋아하지만, 나는 그것을 염치없이 받아서는 안 되겠다는 양심의 소리가 내면에 생겼기 때문으로 이것이 더욱 나를 주저하게 하던 큰 이유 중 하나이외다.

연애라는 사실은 인간의 생활 전체를 차지한 것이므로

누구든지 그 전체를 일시에 다 볼 수 없고, 군맹(群盲)이 찰상(察象)하는 격[37]으로 각기 그 생활의 배경에 따라서, 또는 보는 눈의 여하에 따라서 갑(甲)과 을(乙), 을과 병(丙)이 같지 아니할 것입니다. 상인은 계산적으로 연애를 증산할 것이고 과학자는 냉철한 이론으로써 연애를 따져 볼 것이고 예술가는 실물 이상으로 미화하고 상상화를 시켜 연애의 전당을 신비경(神秘境)에다 짓기도 할 것입니다. 그중 특수한 예를 들자면 단테의 《신곡(神曲)》에 베아트리체[38]를 주인공으로 해 엮어 놓은 불후의 명작 한 편 같은 것은 상인이나 과학자의 눈으로 보면 비소(鼻笑)[39]하리만큼 비실제적이고 비과학적일지 모르겠소.

이만한 견지(見地)에서 내가 이런 생각한 지가 7, 8년이나 되었습니다. 조선이라는 나라에는 연애가 있을까? 이렇게 말하면 듣고 웃을 사람이 많을 줄 압니다. 조선에

---

37) 군맹찰상(群盲察象) : 앞을 못 보는 사람들이 코끼리를 관찰한다. 군맹무상(群盲撫象), 군맹평상(群盲評象)과 같은 말이다. 자신의 좁은 생각과 시각 때문에 사물 또는 현상을 잘못 판단하는 것을 뜻한다.

38) 베아트리체(Beatrice) : 단테의 《신곡》에 등장하는 성녀이자 단테의 아름다운 연인. 어린 시절 그녀를 보고 첫눈에 반해 평생을 두고 사모한 여인이다. 단테는 그녀를 숭고한 사랑의 이상형으로 노래했다.

39) 비소(鼻笑) : 코웃음.

도 연애가 있다니 물론 있지 하고. 그러나 내가 한번 다시 반항하기를, "조선에서 연애라는 것이 어떠한 것이오?" 하면 그때에는 "글쎄" 하고 설명에 궁할 사람이 많으리다. 요릿집에 가면 술과 안주 사 오는 심리로 꽃다운 나이의 이성을 잠시 사다 놓고 연애 운운해 보는 사람들 틈에 과연 진정한 의미의 연애라는 것이 존재할까요? 청춘 남녀가 나란히 걸어만 가도 "연애 잘한다" 하며 놀리는 사람들 틈에 연애가 상치 않고 존재해 있을까요? 내가 이 글 모두(冒頭)에 말한 연애에 대한 이야기를 함부로 했다가 모독이 되는 건 아닌가 한 것도 내가 이런 전통 가운데서 잘 알았으니까 나의 흐려지고 더러워진 마음속 연애가 깨끗한 모양을 가지고 들어와 있을까 함을 스스로 의심함도 이것입니다. 지금에 유행하는 연애라는 글귀 중에는 청년 남녀가 마음대로 손목 잡고 산보나 다니고 피차에 사랑한다는 고백을 하는 것이 간신히 포함되어 있을 것이고, 그보다 더 보편적인 것은 청루(靑樓) 절화(折花)[40]의 대상자로밖에 더 아니 알 것입니다. 그러니까 이런 분위기 가운데서 자라난 우리들은, 나는 연애 운운할 자격이 없다고 말할

---

40) 청루(靑樓) 절화(折花) : 기방에서 몸을 팔며 남성을 접대하는 기생. 청루는 기생집을, 절화는 남자에게 몸을 주는 여성을 뜻한다.

것입니다. 물론 성학(性學)을 강의할 자격은 17, 18세의 청년에게는 다 있을 것이지만, 브라우닝(Browning)[41]이 말한 인생의 최고는 처녀의 키스라는 말을 그 10분의 1만치라도 음미할 자격이 있는가 합니다.

지금에 나이 많은 노인은 말할 것도 없지만, 중노인들도 청년들이 너무 연애지상설을 주장한다고 이마를 찌푸리고 냉소도 하며 매려(罵勵)[42]하기도 합니다. 이것은 물론 여러 사람들이 화류계에 출입하는 기분을 가지고 연애운운을 함으로 그것의 화를 받은 바도 있지만 "우리는 연애 모르고도 아들딸 낳았다" 하는 말을 들을 때에는 나는, 실례지만, 미안하지만 이런 말이 연상됩니다. "개나 돼지는 연애 모르고도 사람보다 아들딸을 30배, 40배나 더 많이 낳는다"는 것이. 그렇기에 나는 진정한 의미의 연애지상설은 아무리 과장해도 지나침이 없으리라고 생각하는 동시에 우리 생활의 순정한 것과 심후(深厚)[43]가 있는 것도 진정한 연애를 충분히 이해하는 것에 있다고 감히 독단

---

41) 브라우닝(Browning) : 로버트 브라우닝(Robert Browning, 1812~1889). 영국 빅토리아 왕조 시절을 대표하는 시인 겸 극작가.

42) 매려(罵勵) : 욕하고 꾸짖거나 충고하기도 함.

43) 심후(深厚) : 깊고 두터운 마음.

하려 합니다. 예술의 꽃은 연애의 밖에서 핍니다. 우리 인간이 가지고 있는 불후작 가운데 문학, 음악, 회화에서 연애라는 테마를 빼면 남을 것이 얼마나 있을까요? 그러면 예술의 꽃을 피게 하기 위해 연애를 할 것인가라고 속단할지 모르지만, 연애라는 것은 그런 무슨 수단에 이용되기를 허락하는 물건은 결코 아닙니다. 그렇기에 만약 누가 있어서 불후작을 짓기 위해 연애를 한다 하면 그 사람은 연애의 문(門)에서 축출을 당할 것입니다.

그리고 내가 청구(請求)를 받기는 연애관의 감상, 이상(理想), 경험 등 여러 가지였는데 이만큼 쓰고 보니 이것을 무엇이라고 명명해야 할지 모르겠습니다. 제목에는 '연애관'이라고 했는데 그 내용에 있어서는 명실(名實)이 상협(相叶)[44]한 것 같지도 않습니다. 그런즉 상상(想像)이라고 하면 그다지 어그러지지 아니할까 합니다. 그리고 지난 시절 나의 연애는 지금에 와서 그것을 쓰지 못하리만치 그때의 동기가 상대자에게서 보인 것 같습니다. 어째서 그런가 하면 내가 어지러운 전통 가운데서 자라나고 그도 역시 그런 것이었으며, 그 이상으로 그는 나보다 그 전

44) 상협(相叶) : 서로 화합하거나 부합함.

통에서 더 여러 해를 자랐던 사람이었으니까, 나는 다소간 순결한 연애를 했다 하더라도—그것도 내 자신의 독단에 불과하고 제삼자의 입장에서 보면 난형난제(難兄難弟)[45]인 줄 믿음—거기서 나왔던 연애의 동기는 어디까지나 순결치 못한 것이었다고는 말하지 않더라도 내 것보다 더 순결치 못했던 것은 그의 행동으로 알게 된 까닭이외다. 그러고 본즉 지금 우리들 가운데 순결한 연애를 할 자격을 가진 시민이 얼마나 있나이까? 우리는 그런 전통을 벗어나서 분위기를 누르고 나아가서 나이브(naive)한 인간에서 생활하는 날이 멀지 않았을 뿐만 아니라 나보다 더 적게 이 전통에 젖은 여러 아우와 누이들은 나보다 더 순결한 연애를 하며 살기를 바랍니다. 끝으로 후쿠다 마사오(福田正夫)의 〈사도(死島)의 미녀(美女)〉[46]에서 미녀와 귀공자의 대화 한 절을 소개합니다.

---

45) 난형난제(難兄難弟) : 누구를 형이라 부르고 누구를 동생이라 부르기 어려울 만큼, 두 가지의 낫고 못함을 구분하기 어려움을 비유하는 말.

46) 〈사도(死島)의 미녀(美女)〉 : 1925년 신쵸샤(新潮社)에서 간행된 후쿠다 마사오(福田正夫)의 작품으로, 원제는 《死の島の美女》이다. 환상(幻想) 시극(詩劇)이다.

미녀 : 여보세요? 우리들은 무엇 하려고 이렇게 인간으로 생겨났을까요?

귀공자 : 연애하며 살기 위해서지요. 인간이 사는 것…, 그것은 기쁜 연애입니다. 그밖에 인간은 없을 것이지요.

미녀 : 아아! 연애에 살기 위해. 그러면 인간의 고통과 비애는 왜 있습니까?

귀공자 : 그것도 연애를 위해 있는 것이오. 고통과 비애는 역시 연애를 구하는 동경(憧憬)에서 생기지요. 그리고 연애의 기쁨이 인간이고, 그것이 옳은 위안이 되는 것이오.

이일(李一, 1892~?)

"조선에서 연애라는 것이 어떠한 것이오?"

호는 동원(東園). 본명은 이진식(李鎭湜)이다. 평북 출신으로, 일본 아오야마학원(青山學院) 중학부를 거쳐 1920년 메이지대학(明治大學)을 졸업했다. 잠시 휘문중학교 교사를 지냈다. 최초의 시 〈프레스코푸스카야〉(1918)를 발표한 이후, 〈해안의 고독〉(1918) · 〈나의 노래〉(1918) 등을 선보였다. 《태서문예신보》, 《창조》 등의 동인으로도 활동했다. 소설에 〈몽영(夢影)의 비애〉(1920)가, 시에 〈동경(東京)아 잘 있거라〉(1919) · 〈소곡(小曲)〉(1921) 등이 있다. 1920년대까지 시와 수필 등을 발표했으나 1930년대 이후로 별다른 문단 활동을 하지 않았다. 해방 후 서울대 상과대학에서 잠시 강의했으나, 이후 행적이 묘연하다.

연시연비(戀是戀非)[47]

김동환

좋은 일이다. 연애를 한다는 것은, 더구나 할 수 있다는 것은. 사람의 한 세상이 얼마나 된다고 연애도 아니하고 죽으랴? 그 때문에 뇌쇄(惱殺)[48]당하는 것도, 출가광분(出家狂奔)[49] 하는 것도, 심지어 정사(情死)하는 것도 좋은 일이다. 그러나 나는 이 환경과 사회 제도를 가지고서 이 좋은 연애를 위해 전 생명을 바칠 수 없는 것을 보고 슬퍼한다. 워낙 순정(殉情)[50] 의식이라는 것도 때를 만나야

---

47) 연시연비(戀是戀非) : 연애는 옳기도 하고 그르기도 하다.

48) 뇌쇄(惱殺) : 머리가 터질 정도로 애가 타고 몹시 괴로운 일. 특히, 여자의 미모에 반한 남자의 애를 태우는 것.

49) 출가광분(出家狂奔) : 집을 뛰쳐나와 미쳐 날뛰듯 다니는 것.

50) 순정(殉情) : 따라 죽고자 하는 감정, 마음.

고귀한 값이 나는 것이니까. 이제 몇 가지 시비(是非)를 들어 보겠다.

연애는 일종의 혁명이다. 새 창조적 세계에 보다 더 가까운 생활에 들어가는 운동이다. 즉, 인생이 10년 만에 다다를 곳을 하루 동안에 도달하게 된다. 연애라는 이슬비는 가치 고귀한 것으로 사람의 심신(心身)에 한 번 부어지면 이수(異數)[51]의 발전을 이루게 한다. 가장 고속도로 비약하고 고조하게 한다. 이것이 생명의 텔레파시다. 탈피(脫皮)나 세례(洗禮)나 그 때의 대상이 되는 이성(異性)이란 창조주요, 자아 확충, 인격 완성의 에너지가 된다. 더구나 불언불소(不言不笑)하고 화석처럼 경직된 근대 조선 사람에게 정서혁명(情緖革命)을 일으키는 것만도 좋은 일이요, 마땅히 해야 할 일이다.

또 연애는 도취제(陶醉劑)다. 밥이나 옷이 없어 모든 고난에 정면한 우리들에게는 생활 정략상으로 이런 망아적(忘我的) 도취의 순간이 필요하다. 종교가들이, 하느님이 준다는 것이 먹을 빵을 준다는 것이라 하듯이 확실히 이 연애를 준다는 것은 저미기(低迷期)[52]에 배회하는 회

51) 이수(異數) : 다른 차원.

의군(懷疑群)과 생활고의 연옥(煉獄)에서 도피하려는 자에게 빵 이상의 값나가는 물건을 주는 것이 된다. 그렇다고 아편이나 독주(毒酒)에 비기는 말은 아니다. 그러므로 인간 세상에 애착하는 힘을 주는 것만으로도 좋은 것이요, 마땅히 해야 할 것이다.

또 한 가지는 육체 발육을 순조롭게 하는 무엇이 된다(연애란 육체를 떠난 가공적인 것이 절대 아니므로). 오늘날 빵과 성욕을 거의 동등하게 큰 문제로 취급하는 터에 성행위를 통한 육체 보건 문제도 매우 크다. 참말로 지금 일부일부제(一夫一婦制)와 사재(私財) 제도 아래에서 성욕을 행복하게 해결하는 자는 극히 적다. 그러니 결혼 전(또는 후)에 이런 기관(機關)이 있는 것이 합리한 일이다. 그렇다고 옛날 모양으로 빈객(賓客)이 오면 예물로 정조(貞操)[53]를 드리고 속죄한다고 바빌론의 신전, 혹은 궁정에서 승려, 제왕, 또는 새전(賽錢)[54] 드리는 여러 신도에게 몸을 허락하는 그런 의무적, 타동적 불순 행위까지 긍정한다는 말은 아니다. 이런 종교적 음란과 정략적 매창

52) 저미기(低迷期) : 불경기. 암운이 드리운 어려운 시기.

53) 정조(貞操) : 여성의 절개와 지조.

54) 새전(賽錢) : 신 앞에 바치는 돈. 헌금.

(賣娼) 행위를 벗어나서 순진한 성의 대상자에게 만족을 수여함이 무엇이 그르랴. 새로운 성도덕은 마땅히 이러한 후에 기초를 잡을 줄 안다. 그러면 태어난 자녀는 우생학상 건강한 자녀가 태어나 일면으로 임질(淋疾), 매독(梅毒) 등 병균 세포를 막음이 사회 정책상으로 좋은 결과를 이룬다. 그러니 더욱 해야 할 일이며 또 장려할 것이다.

나는 위에서 연애는 마땅히 해야 할 것임을 말했다. 즉, 첫째로 생명 혁명의 불길을 주니 할 것이며, 둘째로 마취제가 필요한데 그 임무를 맡아 주니 좋은 것이며, 셋째로 성의 조화 기관이 되니 할 일이라 했다. 너무 공리적 방면으로 타산해서 연애에 대해 미안하지만 어떤 연애는 인권옹호로도, 가족 제도에 대한 반항 운동으로도 볼 수 있다. 다시 말한다. 나는 연애의 본질은 태양 같은 것이다, 즉 햇빛 같은 것이다, 하루도 없어서는 안 되는 빛과 열이라고 본다. 그래서 예찬한다. 사내가 계집이 사랑스럽고, 여자가 남성을 그리워하는 그 대담한 본능 표현 행동이 무엇이 그르랴. 무엇이 죄 되랴. '연애운동'이라는 것이 있다 하면, 그것은 조선에서 가장 큰 운동 중의 하나가 될 것이다. 이 점에서 사회주의 운동이나 제국주의 운동에 못지않을 것이다. 그만큼 중요하다. 또 급하다.

그러나 실제에 이르러 여러 가지로 주저된다. 첫째, 우리네에게 연애할 여유가 있나 하는 것이다[나는 여유라 했고 조건이라 아니 했다. 언젠가 이광수(李光洙) 씨가 윤광호(尹光浩)[55]를 시켜 연애 성립 조건을 돈, 미모, 본능, 이 세 가지에 두었으나, 그것이 상대조건은 될지 몰라도 절대조건은 안 된다. 연애란 워낙 그렇게 조건부터 검사한다고 되는 것이 아니니까. 발가벗은 생명이 다른 발가벗은 한 생명에 연소하는 것이니 그럴 틈이 어디 있으랴?]. 즉 우리에게 그럴 시간과 정력과 정열이 있는가 하는 것이다. 있다 하더라도 그것을 밥이나 글이나 국가나 사회를 위하는 방면을 차치하고 우선 한 이성을 위해 바칠 것인가 하는 것이다. 물론 국가나 사회나 자아나 질(質)에 이르러 무슨 농담이 있으랴마는 우리 처지로서는 여기에 가치 등급을 아니 부칠 수 없다. 불순하더라도 좀 더 공리적 방면에 방위 전환을 해야 할 것이다. 태양도 가뭄에는 없거나 피해 주는 것이 더 좋으니까.

마지막으로 근대인의 연애는 유희적 기분이 많이 보인다. 일시적 기분으로 풍조(風潮)로 하는 일이 많다. 나는 연애는 적어도 결혼을 전제로 하지 않고는 이 흠을 피할

---

55) 윤광호(尹光浩) : 이광수가 1910년대에 발표한 초기 단편 소설 〈윤광호(尹光浩)〉의 주인공 이름.

길이 없으리라 한다. 무엇보다도 전적(全的)이 되어야 할, 이 신비하고 거룩한 운동(?)을 그런 태도로 접해서야 되랴. 큐피드의 책벌(責罰)을 받을 일이다. 남태평양 어느 화초는 80년 만에 한 번 잠깐 피었다가 이내 떨어져 버린다고, 남들은 이렇게 80년이나 두고 벼루어서 겨우 한 번의 키스, 한 번의 포옹, 한 번의 성교를 한다는데, 여기에 근대인 연애의 생각할 점이 있을까 한다.

김동환(金東煥, 1901~?)

"조선 사람에게 정서혁명을 일으키는 것."

호는 파인(巴人). 1901년 함경북도 경성에서 출생하고 중국 지린과 러시아 블라디보스토크에서 잠시 유년기를 보냈다. 서울 경성중동고등보통학교를 졸업한 후 일본에 유학을 떠나 도요대학(東洋大學) 영어영문학과에서 수학하다가 1923년 관동대지진으로 귀국했다. 1924년에 시 〈적성을 손가락질하며〉와 1925년에 장편 서사시 〈국경의 밤〉을 발표해 1920년대 시문학의 총아로 혜성같이 등장해 문단의 주목을 받았다. 그의 작품에는 국경 지대인 자신의 고향에서 얻은, 북방적 정서와 억세고도 강한 낭만성, 향토적인 느낌을 주는 민요풍의 언어가 많이 들어 있다. 1950년 한국 전쟁 당시 인민군에게 납북되었다.

연애는 예술이다

김광배

"인생의 지상선(至上善)[56]은 무엇이냐?"

이것을 만일 소위 도덕가 선생들에게 대답하라 하면 그들은 '충(忠)'이니 '효(孝)'이니 하며 떠들는지 모른다. 이것을 만일 고리대금업자나 자본가들에게 대답하라 하면 그들은 서슴지 않고 "그것은 황금이다" 할는지 모른다. 이것을 만일 소위 목사님들에게 대답하라 하면 그들은 "그것은 예수 그리스도에 대한 신앙이다" 하고 설교를 시작할는지 모른다. 그러나 여든 살에 가깝던 늙은 시인 브라우닝(Browning)은 이 물음에 대해 "인생의 지상선은 한 소녀의 키스에 있다" 하고 대답했다. 그렇다. 근세(近世)

56) 지상선(至上善) : 가장 높고 궁극적인 선(善), 또는 가장 가치 있는 덕목.

의 이 대시인은 인생의 진(眞)과 선(善)과 미(美)를 무엇보다도 한 소녀의 키스에서 본 것이다. 그러나 이것은 다만 '키스' 그것을 가리키는 말이 아니요, 키스를 주고받고 하는 그들의 심적 방면을 가리키는 말인 것을 주의하지 않으면 안 된다.

세상에는 연애 찬미는 고사하고 이성간의 애(愛)라 하는 것이 과연 어떠한 것인지 생각해 보려고도 하지 않으며 연애라 하면 곧 불의시(不義視)하고 열정시(劣情視)[57]해 도덕과 배치되는 큰 죄악이나 되는 것같이 타기(唾棄)[58] 하려고 하는 몽매한 무리가 있다. 이들이 그 성적(性的) 생활에 있어서 과연 청교도와 같이 결백하냐 않느냐 하는 것은 별문제로 하고 어쨌든 이러한 무리는 여성이라는 것을 일개의 사람으로도 인정치 않으며 다만 성욕의 완구나 생식의 한 도구로밖에 더 생각할 줄 모르는, 곰팡이 슬은 도덕에 중독된 무리거나 그렇지 않으면 더불어 의논할 수 없는 치한(癡漢)[59]일 것이다. 또는 이와 반대로 소위 연애광(戀愛狂)이 되어 여학생의 궁둥이를 함부로 쫓아다니는

57) 열정시(劣情視) : 동물적이고 천한 욕정(慾情)으로 봄.

58) 타기(唾棄) : 업신여기거나 더럽게 여겨 거들떠보지도 않고 버림.

59) 치한(癡漢) : 여자를 괴롭히거나 희롱하는 남자.

무지한 젊은 무리도 있다. 이들이 전통적으로 이성 간의 사랑이 어떠한 것인지를 몰랐던 이들이며 사랑에 주렸던 이들이라 해도 혹 무리가 아니라고 할 것이나, 이들이 만일 남녀의 관계를 한갓 육적 유희로만 아는 무리라 하면 이것은 그대로 간과할 수 없는 중대한 문제다. 왜냐하면 모든 성범죄의 대부분은 이러한 무리로 하여금 주출(做出)[60] 되기 때문이다.

성욕이라 하는 것은 식욕과 같이 인생 최대의 욕망이며 타고난 본능이다. 정신분석학으로 유명한 프로이트(Freud) 교수 일파가 모든 인생 생활의 근거를 모두 성적인 것으로만 해석하려 하는 것은 다소 수긍하기 어려운 점이 없는 것은 아니나 성적 요구가 식욕과 같이 인생 생활을 근본적으로 움직이는 것은 누구나 부정할 수 없는 사실이다. 여름밤에 반짝이는 개똥벌레의 불빛, 가을밤에 속살거리는 풀벌레 소리, 이것 또한 사랑을 구하고 이성을 부르는 것이거든, 하물며 사람으로서 이성을 동경하지 않는다고 말할 사람이 누가 있는가? 또한 어떻게 이것을 막을 수가 있으랴. 이것을 불의시하고 열정시해 무리하고

60) 주출(做出) : 만들어 냄. 지어냄.

부자연스럽게 억지로 막고자 하는 데서 오히려 모든 폐해는 생기는 것이다. 일찍이 도덕가 무리들이 그릇된 충효만 말하지 말고 이성 간의 사랑이란 것을 본질적으로 명백히 해 진정한 사랑을 떠난 남녀의 결합은 동물적 이합(離合)이요, 타락이라는 것을 충분히 가르쳐 왔다면 지금의 청춘 남녀들이 육적 본능에만 집착하는 일이 적을 것이며, 따라서 가끔 풍기(風紀)[61] 문제를 야기해 사회를 소란하게 만드는 일도 적을 것이 아닌가?

그렇다. 연애라는 것을 정신적 사랑[精神愛]과 육체적 사랑[肉的愛]으로 나눠 생각하던 플라톤 이래의 연애관은 이미 사라졌다. 연애라는 것을, 사람이 그 자손을 만들고자 하는 의지라 생각했던 쇼펜하우어(A. Schopenhauer)의 연애관은 이미 사라졌다. 여성이라는 것을 성욕 만족이나 생식의 기구로 생각했던 고대의 연애관과, 여성이라는 것에 신격(神格)을 붙여서 인간성을 초월한 것으로 여겼던 중세 기독교 시대의 연애관에 이르러서는 더군다나 일고(一考)할 가치가 없는 것이다. 왜냐하면 이것을 육적으로만 본다 하면 그것은 짐승인 까닭이다. 이것을

61) 풍기(風紀) : 남녀 간 교제에 있어 지켜야 할 예절 또는 도리.

영적(靈的)으로만 본다 하면 그것은 귀신인 까닭이다. 그러나 사람은 짐승도 아니요, 귀신도 아니다. 영과 육을 겸한 것이 사람이다. 따라서 영육이 일치되는 곳에 비로소 완전한 인격이 있는 것이다. 연애라는 것은 즉, 성(性)을 달리한 이 두 개의 인격이 서로 결합하게 하는－이 결합에 의해 '사람'으로서의 자기라는 것을 새롭게 하고 충실케 하고 완성케 하는 양성(兩性)의 교향악이다. 그러므로 연애는 지고지순(至高至純)한 도덕이요, 예술이요, 종교다. 왜냐하면 연애는 서로 사랑하는 두 개의 양성을 정화하고 순화하고 미화해 그들의 생을 완성케 하는 까닭이다. 이것을 불의시(不義視)하고 유희시(遊戲視)한다 하면 이는 하우불이(下愚不異)[62]가 아니고 무엇이랴?

산뜻한 가을바람이 몸을 스쳐 지나갈 때 제군(諸君)은 일종의 고적(孤寂)을 느끼지 않는가? 이지러진 달밤 풀벌레의 애처로운 울음소리를 들을 때에 제군은 일종의 비애(悲哀)를 느끼지 않는가? 제군이 만일 단독일 때에는 그 고독과 그 비애가 한층 더할까 한다. 까닭 없이 느끼는 이 고적과 비애, 이것은 즉 이성을 구하는 심적 발로가 아닐

62) 하우불이(下愚不異) : 가장 어리석은 사람과 다르지 않음.

까? 그리고 이 이성을 구하는 마음은 결국 자기의 완성을 구하는 욕망이 아닐까? 왜냐하면 사람은 남자나 여자나, 단독으로는 항상 불완전한 까닭이다. 이성의 결합에 의해 자기를 구하고 자기를 완성하려 하는 동경(憧憬), 이것이 즉 연애다. 이 연애에 있어서 가장 굳세게 발로되는 것은 모든 도덕성의 근원인 희생적 정신이다. 그러나 사랑하는 사람을 위해 자기 전부를 희생한다는 것은 자기라는 것을 버리는 동시에 자기라는 것을 발견하는 것이다. 자기를 발견하고 자신에게서 애인을 발견하는 것에서 인격 결합의 의의가 있는 것이 아닌가. 이것은 즉, 자아의 확대요, 자연의 해방이요, 자아의 완성이다. 소아(小我)를 떠나서 대아(大我)에 안기는 이 지경에 이르러서 비로소 진정한 자유가 있는 것이다. 요컨대 이 연애의 심경은 불원(佛院)의 해탈이라는 심경과 조금도 다를 것이 없는 절대경(絕對境)이다.

세상에는 돈만 있으면 얼마든지 연애를 할 수 있는 줄로 생각하는 자가 있는 듯하다. 그러나 연애라는 것이 과연 어떠한 조건으로서 성립될 수 있을까? 황금, 지위, 명예, 문벌, 학식, 용모, 품행, 이러한 조건이 아무리 구비되었다 해도 연애는 절대로 성립되는 것이 아니다. 만일 어떠한 조건 하에 성립되는 연애가 있다 하면 그것은 진정한 연애가 아니요, 허위이며 매음이다. 연애는 모든 조건을 초월한 세계다. 물욕에 쫓기고 이해타산에 눈이 둥그레지는 이 따위 무리에게는 절대로 열리지 않는 신비경(神秘境)이다. 사랑하는 영혼과 영혼이 서로 부닥쳐서 신비의 곡을 울리는, 이 현묘불가해의 궁전에 있어서는 얼뚝배기[63]도 미인이요, 추부(醜婦)도 일색(一色)이다. 그렇다. 연애에는 상하도 없고 계급도 없다. 왕관은 무엇이며 지위는 무엇이며 황금은 무엇이냐? 연애는 이론과 소가(訴價)[64]를 초월한 심경이다. 그것이 기생이거나 창부이거나 여학생이거나 연애에 있어서 차별은 없다. 그것은 제삼자로서는 알 수 없는 생의 신비이며, 다만 사랑하는 두 사람만이 알 수 있는 거룩한 세계다.

연애는 인생 최고의 선(善)이요, 미(美)다. 이 절대경에 있어 무슨 제재가 있으며, 무슨 구속이 있을 것인가? 여기에는 다만 절대로 자유로운 생명의 꽃이 피어 있을 뿐이

---

63) 얼뚝배기 : '얼금뱅이'의 경상도 사투리. 얼굴이 얼금얼금 얽은 사람을 낮잡아 이르는 말로, 보통 '곰보'라 한다. 원문에는 '억둑백이'로 표기되어 있다.

64) 소가(訴價) : 원고가 고소를 해 얻는 이익을 객관적으로 평가해 금액으로 나타낸 것.

다. 여기에는 다만 정화되고 순화되고 미화된 생활과, 충실하고 완성된 생활과 모든 것을 초월한 절대 자유의 창조생활이 있을 뿐이다. 이 연애의 심경은 예술가가 예술 작품을 제작할 때나 우리들이 그 예술 작품을 접할 때의 심경과 조금도 다를 것이 없다. 이런 의미에서 나는 연애라는 것을 한 훌륭한 예술로 볼 수 있을까 한다. 인생에 있어서 가장 '참된[眞]' 것이 무엇이냐 하고 묻는다 하면 그것은 연애라고 대답하기를 나는 주저하지 않겠다.

연애는 육(肉)이 영(靈)을 구하고 영이 육을 구하는 두 인격의 전적(全的) 결합이요, 성적 도덕의 극치다. 그러므로 일부일부(一夫一婦)의 원칙은 이 연애로 인해 비로소 성립되고 지속되는 것이다. 이것을 무시한 인습적, 수적(獸的) 결혼이 강요되는 까닭으로 부정한 처가 생기고 외입쟁이가 생기고 오늘날 우리 청년 사회와 같이 이혼 문제가 시끄럽게 나는 것이 아닌가? 연애에 대해서는 아직도 더 하고 싶은 말이 있다. 그러나 벌써 제한된 지면 수도 초과되고 또 장황히 더 말할 시간도 없으므로 이 간단한 에세이를 이에 그치고자 한다.

밤은 깊었다. 펜을 던지고 난즉, 어디선지 단소 소리가 흘러나와서 처량하게 나의 귀를 스쳐 간다. 이것도 또한 누가 이성을 부르는 애처로운 소리인가 싶어 나의 가슴도

외로워진다.

6월 13일 밤 필운대(弼雲臺)에서

김광배(金光培, ?~?)

"자기를 완성하려 하는 동경(憧憬)."

호는 낭운(浪雲). 문단에서의 활동 사항과 행적에 관해 알려진 것이 별반 없다. 일제강점기에 충북 충주 문산리 대지주 집안에서 자라 마을 사람들을 구제하는 데 앞장섰고, 1923년에 강화도 교동면에 봉산의숙(鳳山義塾)을 설립한 것 정도가 확인된다.

인간의 참다운 세계를 찾아
—나의 연애관

노자영

사랑은, 인생의 오아시스다. 사랑이 있는 곳에는, 영원한 감홍(甘紅)의 무화과(無花果)가 열린다.

사람들은 흔히 이런 말을 많이 한다. 과연 연애란 그처럼 아름다운 것인가? 그리고 그처럼 중대한 것인가? 요새 우리 사회에도 연애 문제가 자주 화두에 오르고 그에 대한 사실이 매우 많이 일어난다. 과연 연애란 어떤 것인가? 그야말로 인생에서 없어서는 안 될 중대한 문제인가?

연애관을 말하라—설화서관(雪華書館)으로부터 이러한 주문이 왔다. 원래 연애에 대한 경험이 적고 아직 일정한 인생관을 가지지 못한 나로는 그 문제의 정확을 맞추기에 매우 어려울까 한다. 그러나 내가 평소에 정당하다고 생각하는 바를 이제 몇 마디 쓰고자 한다.

*

연애! 과연 중대한 문제다. 리듀스(Readuse)[65]의 산이 무너지고, 가남의 땅[66]이 꺼진다 한들 어찌 인류가 있는 동안에 그것을 부인할 수 있으랴! 사랑! 그것은 영원성을 가진 인류의 자랑인 것이다.

사람은 누구를 물론하고 신비로운 애(愛)의 본연성(本然性)을 가졌다. 사랑을 받고 싶고 사랑을 주고 싶은 그러한 정(情)의 본연성을 지녔다. 그 본연성이 가장 강렬하게 가장 진실하게 친구와 친구 사이에서 발로될 때 그것을 우애(友愛)라고 한다. 그리고 그것이 부모에게 나타날 때에

---

65) 리듀스(Readuse) : 저자가 만든 합성어로서, 'Reduce(줄다, 감소하다)'의 뜻과 음을 차용하면서 'reuse(다시 사용하다)'를 결합한 형태가 아닌가 한다. '양을 줄이거나 간소화한다'는 의미과 함께 재사용의 의미로 사용 가능하다. 곧 어떤 것을 '반복적으로 재사용하는 행위나 과정'을 뜻한다고 볼 때, 사람들이 문제를 해결하려 하거나 반복적으로 다루려는 시도에도 불구하고 연애라는 문제는 언제나 중요한 가치를 지닌 것으로 남아 있다는 것을 말하고자 한 것으로 보인다.

66) 가남의 땅: 성경에 나오는 '가나안의 땅'을 뜻하는 듯. '가나안(Canaan)의 땅'은 하나님이 이스라엘에게 선물로 준 땅이라는 의미다. 흔히 젖과 꿀이 흐르는, 풍요롭고 평화로운 약속의 땅, 낙원, 천국과 같은 장소의 대명사로 종종 사용된다.

는 그것을 효도라 한다. 다시 그러한 본연이 사회와 국가에 나타날 때에는 그것을 애국(愛國), 혹은 애족(愛族)이라고 한다. 그러나 연애라는 것은 이와는 조금 성질이 다르다.

사람에게는 다시 본능이라는 것이 있다. 본능을 혹은 육욕(肉慾)이라고도 말한다. 그 본능과 본연성! 다시 말하면 사람의 마음에 깊이 잠재되어 있는 그 참다운 사랑의 본연성과 그 위에 본능을 가해 이성과 이성 사이에 어떠한 무엇이 떠오른다면 그것을 연애라고 한다.

그렇다. 사람의 마음에 숨겨 있는, 영원히 참다운 사랑의 본연! 다시 그곳에 본능의 충격이 움직이면 사람의 자랑이라는 곱고도 따스한 사랑이 나오는 것이다.

그러나 사랑에는 다시 이지(理智)의 제재가 있어야 하고 영(靈)의 움직임이 있어야 한다. 다만 육욕(肉慾)의 충동을 받아 이성과 이성이 서로 하나가 된다면 그것은 연애가 아니다. 그것은 일종의 야욕(野慾)[67]이다. 따라서 일종의 짐승이다. 사람은 어디까지나 사람이 되어야 한다. 사람은 하나님도 아니다. 사람은 짐승도 아니다. 사람은

67) 야욕(野慾) : 야비한 성적 욕망.

신성(神性)과 수성(獸性)[68]을 조화한－사람인 것이다.

연애에는 플라토닉 러브(Platonic Love)라는 것이 있다. 정신으로만 사랑하자. 마음으로만 사랑하자. 육체에는 조금도 가까이 말자. 그것이 신성한 연애니라 말하는 사람이 있다. 그리하여 그들은 하나님이 되자, 하나님의 행동을 하자, 사람의 일면인 육체라는 방면은 보지도 말고 생각지도 말자 한다. 그러나 그것은 오해인 것이다. 그네들은 자기가 사람이라는 것을 잊어버린 것이다. 그네들이 일면으로는 하나님에 가까운 정신세계를 가졌지만 그와 반대로 자기의 반쪽인 육의 영토가 있는 줄은 모르는 것이다. 그래서 그네들은 사람의 참뜻을 떠난 일종의 허수아비가 되고 마는 것이다.

그와 반대로 어떤 사람은 연애를 육욕으로만 아는 사람이 있다. 남녀가 손목을 잡고 화조월석(花朝月夕)[69]에 산보를 하며 보고 싶다느니 사랑하느니 하고 편지를 하면 벌써 연애가 된 줄로 안다. 심지어 어떤 사람은 여자란 육의 도구! 그저 자고 먹고 하면 모두 연애인 줄로 아는 사람

68) 수성(獸性) : 원문에는 '神性(신성)'으로 되어 있으나, 문맥을 고려할 때 '수성(獸性)'이 적절하다 판단해 바로잡았다.

69) 화조월석(花朝月夕) : 꽃 피는 아침과 달이 뜨는 저녁. 아침저녁.

이 있다. 이것은 분명히 사람의 가치를 떠난 짐승의 작란(作亂)인 것이다.

연애란 그처럼 값싼 것이 아니다. 연애란 적어도 사람의 가치를 완성한다는 의미에서 비로소 시작할 수 있다. 영과 육을 조화한 곳에, 다시 말해 신성(神性)과 수성(獸性)을 합일한 곳에 비로소 연애가 있는 것이다.

정신적으로 마음껏 이해하고 상대자의 전인격을 알고 그의 이상(理想)을 알고-그래서 그를 존경하고-이로부터 비로소 연애가 시작되어야 한다. 그 후에는 두 사람이 결혼하고 다시 그 결혼 생활로 하여금 도덕화하고 진리화하고 사회화해야 한다. 그리고 그네들의 생으로 하여금 창조적 가치를 발견해야 한다.

그러나 어떤 사람은 결혼은 사랑의 무덤이라 한다. 아! 이 얼마나 부허경박(浮虛輕薄)[70]한 말이랴! 그래서 많은 남녀를 망치고 그네들의 일생을 그르치는 것이다. 사랑이라는 것은 영속적이어야 하고(특별한 사정 외에는) 따라서 전일적(全一的)이어야 한다. 어떤 하나의 이성을 사랑했다면 전 생명과 전 존재를 다해 그를 사랑해야 하고 그

---

70) 부허경박(浮虛輕薄) : 허황되고 가벼움.

와 일생을 마쳐야 한다. 한 사람으로 2, 3인의 애인을 가진다면 그것을 어찌 사랑[戀愛]이라 하랴! 그리고 사랑을 끊고 이리 가고 저리 간다면 그것을 어찌 연애라 하겠는가! 그것은 작란이요, 부랑(浮浪)이요, 타락인 것이다.

사랑하고 싶다―어떤 이성을 보고 이런 마음이 생기거든 그를 먼저 이해하라! 그의 인격과 이상과 그의 주의(主義)를 이해하라. 그가 가진 참다운 영과 함께 자기의 영도 하나가 되고 자신이 가진 모든 것을 그에게 바치라. 이것이 연애인 것이다. 어찌 그러한 곳에 길이길이 꽃 피는 가나안 같은 복지(福地)가 없다고 하랴! 그러나 사랑한다는 편지 한 장으로, 또는 누구의 소개 한마디로, 그리고 한 번 보고 그의 얼굴 하나로 사랑이니 무엇이니 하고 엄벙덤벙 뛰어든다면 그것이 어찌 사랑이랴! 그런 곳에 어찌 영원한 실패의 눈물이 없다고 하랴! 천금 같은 자기 정조만 더럽히고 그만 한 포기 시든 꽃이 되는 것이다. 봄 동산에 노는 어린 양 같은 청춘이여! 참다운 연애로 생의 터를 세우고 일생을 향기롭게 할 지어다.

*

나종(那終)으로 한마디 쓰고자 한다. 연애란 과연 인생의 에덴(Eden)인 것이다. 그러나 조선 사람에게는 그보다 더 중대한 문제가 많이 있다. 우리가 사랑으로 가정을 이루고 그곳에서 생의 아름다움을 누린다면 얼마나 좋으랴마는 우리에게는 불행히 그러한 처지가 주어지지 않았다. 울고 부르짖고 싸워야 할 파멸의 선에 섰다. 연애는 잠깐 뒤로 미루고 그러한 연애를 세울 참다운 사회를 건설하자! 검은 눈물에 쌓인 이 동산을 먼저 개척해야 할 것이다.

1925. 6.10. 강호(江戶) 객창(客窓)에서

노자영(盧子泳, 1898~1940)

"연애를 세울 참다운 사회를 건설하자!"

호는 춘성(春城). 시인 겸 수필가. 황해도 장연(長淵) 태생으로 보이나 정확하지 않다. 평양 숭실중학교를 졸업하고 일본에 건너가 니혼대학(日本大學)에서 수학했다. 1919년부터 시를 쓰기 시작했다. 《백조(白潮)》 창간 동인으로 활동했다. 소녀 감성적인 시를 즐겨 썼는데, 자칭 '수필시(隨筆詩)'라 불렀다. 1920년대의 퇴폐적인 문단 분위기를 반영해 감상적(感傷的)인 면을 보여주는 작품을 주로 창작했다. 1934년 잡지 《신인문학(新人文學)》을 창간했고, 1940년대에 잡지 《조광(朝光)》, 《여성(女性)》의 편집을 맡았다. 작품이 지나치게 감상적이고 시대성과 역사성을 외면한 내용이 많아 널리 알려지지 못했다. 낭만적 감상주의로 일관한 그의 작품세계는 《조선 문사의 연애관》에 실린 〈인간의 참다운 세계를 찾아〉라는 글에서도 여실히 드러난다.

연애를 연애하는 연애관

김태수

과도기에 있는 이 나라에서 태어난 나는, 더구나 옛날 가정에서 자란 나는 옛 조부모들의 덕분에 어려서 장가를 들었기 때문에 언제 한번 이 꽃다운 연애의 향기로운 꽃을 꺾어서 가슴에 꽂아 보지 못했다. 그러니 연애에 대한 감상도 적을 것이고 따라서 경험도 적은 것은 무리가 아니다. 결국 말하자면 내가 가지고 있는 것은 연애를 연애하는 연애관에 지나지 못할 것 같다. 하지만 나는 모자람에도 불구하고 여러 벗들을 위해 내가 뜨겁게 기대하고 희망하는 바－다른 사람들이 말한 바, 내 마음에 맞는 것－몇 마디를 추려서 쓰고자 한다.

그러나 과연 연애란, 연애에 울고 웃어 보지 못한 시로토[71]의 이지(理知)의 머리로는 단번에 무엇이라고 지정해 말해 버릴 수 없을 만큼 복잡한 것인 모양이다. 사전을 찾아보면 대개 그저 '남녀 간의 상사(相思)'라고만 적혀 있다. 그러나 누가 나에게 묻는다 하면 나는 연애란 청춘의 가슴을 불 질러 태우고 마음 아픈 눈물을 짜내게 하는, 달고도 쓴 인생의 꽃이라고 하겠다. 어떻든 이상한 것이다. 한 나라를 지배하는 군주에게도 연애는 있다. 돈 많고 잘사는 부호에게도 연애는 있다. 그와 반대로 돈 한 푼 없는 빈한자(貧寒者)에게도, 끼니를 굶는 비렁뱅이에게도 이 꽃은 핀다. 그의 앞에는 권리도 금전도 아무 것도 없다. 귀천의 차별도 없고 빈부의 차별도 없다. 그야말로 순 맹목이다. 오직 사람과 사람의 뜨거운 마음끼리 서로 대하게 될 뿐이다. 심하면 생명까지라도 걸고서. 따라서 말하자면 연애는 사람을 더 잘 살리게도 하고, 또는 더 잘 못 살리게도 한다. 그러면 우리는 이것을 될 수 있는 대로 더 아름답게 하고 꽃피게 하는 것이 무엇보다 필요할 줄 믿는다.

그러면 어떻게 해야 연애로 하여금 인생을 가장 더 빛내게 할까? 나는 불란서 여류 작가 조르주 상드(George Sand)가 말한바, 감각만으로 영혼을 없앨 수 없고 영혼만

---

71) 시로토(しろうと) : '소인(素人)'에 해당하는 일본어. 어떤 일에 경험이 없는 미숙한 사람, 비전문가, 아마추어, 문외한, 또는 일반 가정의 여자를 뜻한다. 원문에는 'しろらと'라고 잘못 표기되어 있다.

으로도 감각을 없앨 수 없는 지경에 이르러야만 연애는 비로소 꽃을 피우고 그 꽃다운 향내를 온 삶의 밭에다 피울 줄 안다. 그것은 왜 그러냐 하면 영혼을 통하지 않은 감각만의 연애는 그것이 지금 떠드는 소위 자유연애로서, 너무나 방종에 넘치고 충독(蟲毒)[72]에 흘러 관능에만 탐닉하는 본능적 연애에 지나지 못하고 감각을 통하지 않은 영혼만의 연애는 기독교의 금욕주의에 지나지 못하기 때문이다. 언제나 진실한 연애는 우리의 정신이 요구하는 것과 감각이 요구하는 것에 사이가 없는, 다시 말하면 영과 육이 일치한 아름다운 데에 이르러야만 될 줄 안다.

그러므로 물론 나는 연애가 없는 결혼은 아무 의미가 없다고 본다. 그것은 사람을 더 더럽게 하니까. 그러나 여기서 말할 것은, 연애는 새삼스럽게 떠들 것도 없이 감정에서 나오는 것이라는 말이다. 그러니 그것은 마치 사람이 10년을 살는지 50년을 살는지 명의 길고 짧음을 보증할 수 없는 것과 마찬가지로 또한 그것을 언제까지나 보증할 수 없는 일이다. 그러므로 나는 한 사람의 전 생애에서 일부일처주의(一夫一妻主義)(이혼이 없는)를 믿지 못할

72) 충독(蟲毒) : 독이 있는 벌레에 물린 것과 같은 정신적 상태.

일이라고 한다. 이러한 의미에서 나는(내가 말하는 사람은 물론 자아에 충실한 사람이다) 이혼에 자유가 있기를 바란다. 그것은 먼저 말한 바와 같이 연애는 감정이기 때문이다. 다시 말해 일부일처주의를 지키기 위해 무서운 죄악을 짓는 것보다는, 사람이 타락하고 부패하는 것보다는, 입센(Henrik Ibsen)의 《유령(幽靈)》[73]과 같은 그러한 긴 해독(害毒)과 멸망까지를 끼치게 하는 것보다는, 차라리 그 죄악을 짓지 않기 위해 인생을 긍정하기 위해 이혼에 자유가 있어야 될 줄 안다. 따라서 연애는 두 번 말할 것 없이 자유가 있어야만 될 줄 안다. 자유가 없는 연애는 죄악으로 본다. 그것은 장차 어떠한 비참한 일과 무서운 죄를 저지를지가 의문이니까. 이러한 점에서 나는 엘렌 케이(Ellen Key)[74]를 어느 점까지는 퍽 사랑한다.

---

73) 《유령(幽靈)》 : 노르웨이 현대극의 아버지로 평가받는 헨리크 입센(Henrik Ibsen, 1828~1906)이 쓴 희곡 작품(1881). 19세기 도덕에 대한 통렬한 논평이 담긴 작품으로, 종교와 매독 같은 성병, 근친혼 문제 등을 주로 다루었기 때문에 큰 반발과 논쟁을 불러 일으켰다.

74) 엘렌 케이(Ellen Key, 1849~1926) : 20세기 전반 한국 · 중국 · 일본 동아시아 3국의 젊은이들을 매료시킨 '연애의 자유'를 주창한 스웨덴 여성학자 겸 작가. 영육(靈肉) 일치의 연애관을 내걸고, 독립적 인격을 갖춘 남녀의 연애로 결혼이 완성된다고 주장했다. 그녀의 대표작 《연애와 결혼》이 독일어본(1904), 영어본(1911), 일본어본(1919), 중

그러나 이것은 과도기에 있는 지금 우리나라에 있어서는 ―개성에 눈뜨지 못한― 도리어 모순이 되는 점도 많이 있을 줄 안다. 그러나 나는 차라리 성적 혁명을 일으키고 싶다. 그러므로 나는 지금 자라나는 이들은 될 수 있는 대로 남녀를 어렸을 때부터 꼭 같이 해서 지식상으로나 감정상으로나 상당한 성적(性的) 교육이 있기를 바란다. 그리고 지금부터 중학교에도 성적 교육을 한 과목에 넣었으면 한다. 그렇지 않고 과거와 같이 그것을 순전히 묵시해서 모르는 척하는 것은 눈을 가리고 아웅 하는 수작이지 사람의 구조가 그렇게 단순하게 되지 않는 본능을 덮어놓고 숨

국어본(1923) 등으로 널리 번역되어 동아시아에서 베스트셀러가 되었다. 국내에는 일본 유학생과 신문, 잡지를 통해 엘렌 케이가 소개되었다. 부모가 배필을 정하는 결혼이 만연하던 국내에서 '연애 없는 결혼은 부도덕한 결혼'이며 조혼(早婚)도 반대한다는 케이의 주장은 1910~1920년대에 가히 혁명적인 선언과 같았다. 이미 1917년 《매일신보》에 연재된 이광수의 소설 《무정》의 남주인공인 형식의 독서 목록에 루소의 《참회록》, 셰익스피어 《햄릿》, 괴테의 《파우스트》와 함께 엘렌 케이의 전기가 등장할 만큼, 1910년대에 이미 모던 보이, 신여성이라면 누구나 알고 있어야 할 상식으로 통했다. 1920년대 각종 신문, 잡지에서 국내 지식인이 케이의 사상을 자주 인용했다. 박원희(朴元熙, 1897~1928)가 1926년 1월 16일자 《조선일보》에 〈제가(諸家)의 연애관(續)〉이라는 제목 아래 연애가 결혼의 중심이라는 케이의 연애관을 소개한 것이 그 한 예다.

기려고만 하면 되느냔 말이다.

*

연애는 인생의 꽃이다. 가장 아름답고 어여쁘고 맑고 희고 고운 꽃이다. 끝없는 사막에 오아시스와 같은! 그러나 다른 꽃들이 사람의 눈과 감정을 따라 값이 있는 것과 마찬가지로 이 꽃도 사람을 따라서 더 어여쁘고 더 미워진다. 좋기도 하고 나쁘기도 하다. 결국 그것을 간단히 말하면 거기에도 인격 문제가 붙는다는 말이다. 원컨대 모든 이 꽃이 건강한 동시에 이 꽃도 어서 바삐 벌레 먹지 않은, 충실하고 아름다운 꽃이 되라고 빈다.

끝으로 나는 카펜터(Carpenter)[75]의 연애는 결혼의 형식보다도 결혼의 실질에 들어가야만 된다는 말을 마음 깊이 고마워한다.

1925년 6월 6일

---

75) 에드워드 카펜터(Edward Carpenter, 1844~1929) : 영국 출신의 사회주의자, 시인, 철학자. 문명을 인간 사회가 겪는 질병의 한 형태로 비판하는 한편, 채식주의 운동과 동물권리 운동에 앞장섰다. 동성애자로서 성 해방을 주장하고 자유연애를 옹호했다.

김태수(金泰秀, 1904~1982)

"나는 차라리 성적 혁명을 일으키고 싶다."

호는 백주(白洲). 전라북도 부안 출신의 교육가 겸 소설가다. 1924년 문예지 《개벽》에 희곡 〈희생자〉가 입선되고 《동아일보》에 단편 소설 〈처녀시대〉가 실렸으며, 그해 11월 이광수의 추천을 받아 《조선문단》에 소설 〈과부〉로 등단했다.
1924년~1926년 신문, 잡지 등에 소설과 희곡을 다수 발표했다. 《조선 문사의 연애관》에 실린 〈연애를 연애하는 연애관〉도 이 무렵 쓴 글이다. 그런데 그는 얼마 후 절필하고 스스로 문단에서 사라졌다. 낙향 후 사업가로 변신했고, 해방 후에는 부안여중·고등학교를 설립해 지역 여성교육에 헌신했다. 노년까지 향토문화 활동에 힘을 쏟았다. 사후 간행된 작품집 《황혼에 서서》(부안문화원, 2010)가 있다.

바라는 한마디

유도순

나는 연애에 대해 철저한 체험도 없고 전문으로 연구해 본 일도 없다. 그래서 한 개로 인식될 만한 연애관의 이상(理想)은 가지지 못했다. 그러나 내가 사는 사회에서 간단(間斷)없이 일어나는, 소위 연애라는 사실을 관찰한 것과 자신이 일찍 가진 얼마만 한 체험으로 얻은 몇 가지 생각을 이 아래 간단한 조목으로 나눠 적으려 한다. 이것이 잘 아는 청춘 남녀에게 다소라도 전도(前途)[76]에 참고가 된다면 필자의 이 글 쓰는 본의는 성공인 줄 안다.

1. 연애의 근본 요소는 개성을 희생하는 도덕적인 일이

---

76) 전도(前途) : 앞으로 나아갈 길.

어야 할 일.

1. 연애의 목적은 향락적 행복보다 심각한 인간고(人間苦)의 세례여야 할 일.

1. 연애의 진로(進路)는 맹목의 감정에 복종하지 말고 명철한 이지(理智)의 성별(省別)의 힘을 빌 일.

유도순(劉道順, 1904~1938)

"소위 연애라는 사실."

호는 월양(月洋), 예명은 범오(凡吾)다. 평안북도 신의주 출신으로 일본 니혼대학(日本大學) 영문과를 졸업한 뒤 4년간 신문기자 생활을 했다. 1925년 《조선문단》에 시 〈갈잎 밑에 숨은 노래〉로 등단했다. 아동문학가로서 동요, 아동소설집, 번역동화 등을 발표했다. 《아동 심청전(兒童沈淸傳)》(활문사, 1928)을 선보였고, 50여 곡이 넘는 유행가를 작사했다. 정지용, 윤극영 등과 함께 조선동요연구협회를 만들어 동요 운동을 전개했다.

내 생각은

임영빈

내 생각 같아서는 연애는 언제든지 해서 좋은 것이지 나쁜 것은 아니라고 합니다. 기회와 형편만 닿으면 교격(矯激)[77]하지 않은 연애는 언제든지 해도 좋을 것으로 압니다. 왜 그런가 하면 그것이 첫째, 생활에 하나의 맛을 더해 주는 것이고, 둘째, 살아갈 욕심을 내고 일할 기운을 갖다 주고, 셋째, 아마 예술이 거의 그것으로 말미암아 근거가 되는 것 같으니까 그렇습니다.

교격하지 않은 연애라고 했습니다. 그러면 교격한 연애는 무엇입니까? 그것은 아마 연애에 중독된 것이겠지요. 나는 이것을 숭배하는 것은 아니나, 우리 조선 형편에

77) 교격(矯激) : 성질이 세고 과격한 상태, 또는 스스로 바르다고 믿어 과격하게 일을 밀어붙이는 폐단.

서는 교격한 연애자, 곧 연애 중독자가 그리 환영받을 것은 아니라고 합니다. 연애 때문에 사지를 못 쓰는—민족의 장래나 자기 장래나 모든 인생으로의 길을 저버리는—그런 사람을 어디 쓰겠습니까?

또 어떤 사람의 연애는 상징하면 주린 사람이나 뱀 같고, 어떤 사람의 연애는 상징하면 좋은 풀밭을 만난 흰 양 같습니다. 다시 말해 성욕만 위해서 음험한 수단으로 농락하는 것과, 참하게 친구들끼리 나누는 정으로부터 올라가는 것입니다. 나는 권한다 하면 양(羊)으로 상징할 만한 연애로 하겠습니다.

요새 연애 신성(神聖)이라는 말이 있는데, 다른 사람은 어떻게 생각하는지 몰라도 나는 그것을 연애를 위한 연애라고 생각합니다. 그런데 성욕을 떼어 놓고 연애가 없다고 하지만, 만일 있다고 하면 그것이 연애 신성의 하나가 아니 될는지요? 나는 그것이 곧 연애 신성이라고는 못합니다.

그렇게 나아가다가 결론은 연애 독립을 주창하는 것이 됩니다. 곧 모든 사람은 연애는 그 목적이 결혼에 있다고 생각합니다. 연애 현상은 결혼이라는 형식으로 나타난다고 생각합니다. 그러나 연애 현상은 꼭 결혼이라는 형식만 가지고 나타난다고 하면 그것은 부족한 듯합니다. 연애는 연애인데, 어떤 때 결혼의 형식을 취하게 되는 것이 옳습니다. 누가 말하기를 결혼은 연애의 무덤이라고도 합니다. 그 말이 연애 독립을 잘 설명하는 듯합니다. 곧 결혼만이 연애의 목적이라 하면 왜 연애의 무덤이 결혼이 되겠습니까?

연애는 영원합니다. 그런데 결혼을 하더라도 어떤 때 파산이 되는 수가 있습니다.

이론은 붙이면 얼마든지 만들 수 있겠지만 그런 많은 이론이 무슨 소용이 있습니까? 대강 힌트나 받고 해 봐서 스스로 무엇을 맛보고, 스스로 이론을 세우는 것이 무엇보다 낫지 않습니까?

1925년 6월 6일

임영빈(任英彬, 1900~1990)

"언제든지 해도 좋을 것으로 압니다."

필명은 춘풍(春風). 1900년 황해도 금천에서 태어났다. 1917년 개성 송도고등보통학교를 졸업하고, 송도보통학교에서 교사로 재직했다. 1925년에 단편 소설 겸 사실주의 태도가 물씬 풍기는 〈난륜(亂倫)〉을 《조선문단(朝鮮文壇)》에 발표함으로써 문단에 등장했다. 그 후 해방 전까지 10여 편의 단편소설을 남겼다. 1926년 미국 밴더빌트대학(Vanderbilt University)으로 유학을 떠났고, 중간에 남감리교대학(Southern Methodist University)으로 옮겨서 비교문학을 공부해 1930년에 학사 학위를, 1932년에 동 대학에서 석사 학위를 받았다. 귀국 후 이태원교회·홍제원교회에서 일하고, 감리교에서 발행한 《감리회보(監理會報)》 주필로 활약했다. 해방 전에 감리교신학교 교수(1942~1945)로 재직하기도 했다. 1925년 〈파륜〉 이후 수 편의 단편 소설을 쓴 뒤, 단편집 《난륜》(1960)을 처음이자 마지막으로 출판한 후 창작 활동을 그만두었다. 임영빈의 글 〈내 생각은〉이 《조선 문사의 연애관》에 실린 이유는 그가 《조선문단》을 통해 등단한 촉망받는 작가로 인정받던 직후였기 때문으로 보인다. 1990년 뉴욕에서 별세했다.

참된 연애는 도깨비입니다

양주동

프랑스 어떤 귀부인의 살롱에서 "연애란 무엇이냐?"라는 토론이 벌어졌습니다. 혹은 단순한 성적(性的) 작용이라 하고, 혹은 성욕 이상의 무엇이라 해 갑론을박이 되었습니다. 그런데 최후에 어떤 유명한 작가는 말하기를,

"내 생각 같아서는, 참된 연애란 도깨비입니다."

"예? 도깨비라고요?"

"네, 이야기하는 사람은 많아도 본 사람은 적으니까요."

했다는 말이 있습니다.

*

연애라는 것을 생각할 때마다 하느님의 묘안(妙案)을 감탄하지 않을 수 없습니다. 하느님은 우리 인류의 원치 않는 생식(生殖)을 강제하기 위해 성욕이나 연애의 본능

을 주셨습니다. 연애는 필히 성욕이 시화(詩化)된 것이라 할 수 있겠지요. 만일 성욕을 온전히 해탈한, 소위 숨몬 보눔(Summon Bonum)[78]이라는 말에 타당한, 특별한 연애가 있다 하면 그것이야말로 도깨비라 할 수 있겠습니다.

78) 숨몬 보눔(Summon Bonum) : 지상선(至上善). 가장 높고 궁극적인 선(善), 최고의 선, 또는 덕목을 뜻하는 라틴어. 로마 시대의 철학자 키케로(Cicero)가 윤리 체계의 기반이 되는 기본 원칙을 나타내기 위해 처음 사용한 이후, 선 자체가 지닌 본질, 또는 궁극적인 형이상학적 원리라는 의미로 사용되었다. 중세에는 최고의 선을 의인의 삶, 또는 하느님과 교통하며 계율에 따라 인도되는 삶으로 정의했고, 칸트는 인간이 추구해야 하는 최우선적인 목적으로 보았다.

양주동(梁柱東, 1903~1977)

"이야기하는 사람은 많아도 본 사람은 적으니까요."

호는 무애(無涯). 문학평론가, 국문학 · 영문학자, 문학번역가, 수필가, 문학 교수. 한국 고시가, 특히 향가 연구에서 돋보이는 성과를 냈다. 1922년 경성 중동고등보통학교를 졸업하고 1928년 와세다대학 영어영문학과에서 문학 학사 학위를 취득했다. 귀국 후 1932년 9월부터 1941년 9월까지 평양 숭실전문학교 교수로, 1947년부터 동국대 국어국문학과 교수로 재직했다. 1954년에 대한민국학술원 종신회원이 되었다. 1919년에 염상섭과 함께 발간한 《문예공론》에 평론을 발표한 이후, 1923년에 동인지 《금성(金星)》을 통해 본격적으로 문단 활동을 시작했다. 1932년에 시집 《조선의 맥박》을 펴냈다. 고전 시가 연구에 전념해 1942년에 한국인 최초로 향가 25수 전편에 대한 해독집인 《조선고가연구(朝鮮古歌硏究)》를 발간했다. 해방 후에는 고려가요 주석을 집대성한 《여요전주(麗謠箋注)》(1947)를 내놓았다. 《조선 문사의 연애관》에 실린 〈참된 연애는 도깨비입니다〉는 그의 나이 23세 때 쓴 글이다.

내가 믿는 문구 몇 가지

나빈

연애라는 것이 우리 인생에게 얼마나 큰 힘을 갖고 있는지 여기서 다시 말할 것도 없거니와 연애 문제를 말하려면 제한한 10쪽 분량의 원고지로는 당연히 핍진한 말을 할 수가 없을 것이다.

여기에는 경제 문제라든지 남녀 양성(兩性) 문제라든지 결혼 문제라든지 인생의 모든 문제가 시간적 공간적으로 얽히지 않은 것이 없어서 일조일석(一朝一夕)에 그것을 논할 수 없을 것이다. 또는 얕은 식견과 짧은 지식으로 그것을 감당하기에 너무 부족하다.

더구나 일생을 통해 목숨이 끊어지는 때에야 비로소 나의 생명과 함께 떠나갈 문제를 벌써부터 10분이면 1도 경험하기 전에 의견을 말하기가 어려운 일일 것이다.

다만 내가 이 복잡다단하여 그 끝과 끝을 찾지 못하며

안과 밖을 종잡을 수 없는 현실 사회에 있어서 연애라는 것이 어떻게 우리의 생활을 지배하는 것인지 막연하나마 그 짐작을 하는 나로서 한마디로 말해 버린다 하면 연애는 생의 감천(甘泉)[79]인 동시에 또한 고약(苦藥)이니, 감천이 반드시 이(利) 되는 것이 아니요, 고약이 반드시 해 되는 것이 아닐 것이다. 감천을 마시고 구역을 하는 사람이 있으면 모르핀을 맞듯이 인명을 해하지 않고 커다란 고통을 느낄 수도 있을 것이다.

연애는 반드시 도덕적 토대가 없이는 성립되지 않는다고 나는 단언하고 싶다.

자기를 희생하는 데 영원한 승리가 돌아올 것이다. 희생 관념과 그만한 성자(聖者)적 난행(難行)[80]이 없으면 그것은 일종의 유희며 음사(淫事)[81]일 것이다.

개성이 확립되지 않은 자의 사랑은 마치 물 위에 뜬 물거품일 것이다. 반드시 그것이 꺼져서 사라질 때가 있을 것이다.

절조를 잃어버리면 그 사랑은 음종(淫縱)[82]에 흐르기

---

79) 감천(甘泉) : 물맛이 좋은 샘.

80) 난행(難行) : 행하기 어려운 일.

81) 음사(淫事) : 음란하고 방탕한 일.

쉽고 틈이 벌어지고 염증이 날 것이다. 그 앞에는 무서운 환멸이 있을 것이다.

사탕 맛 같은 사랑보다도 밥맛이나 빵맛 같은 사랑[83]이라야 오래갈 것이라는 말은 내 말이 아니지만 잊어서는 안 될 말이다.

세상에는 반드시 완전무결한 사랑이 있는 것이 아니요, 때를 따라서 흠을 깁고 이지러진 것을 더해 없는 것에서 있는 것을 만들려고 애쓰는 창조의 노력이 없는 사랑은 또한 안가(安價)[84]의 매음(賣淫)과 같은 모양의 사랑일 것이다.

사랑하는 이와 사랑하는 이는 각각 자기의 정조를 지킬 의무가 있다.

내가 여자가 아니므로 여성의 심리는 알지 못하나 적어도 수동적이 아니요, 순동적(純動的)인 남자로서는 자기가 여자에게 사랑을 바쳐 보려는 마음을 버리고 자기가 여자를 사랑해 보리라고 할 것이다. 여기에 자기의 의무 관념이

---

82) 음종(淫縱) : 색(色)에 빠져 지나치게 놀아남.

83) 빵맛 같은 사랑 : 원문에는 '면보맛갓튼사랑'으로 되어 있다. 면보(麪麭)는 원래 밀가루 떡, 곧 빵을 일컫던 말이다.

84) 안가(安價) : 싸구려.

더욱 강대해지는 것이며 생활의 긴장이 있을 것이다.

여자는 남의 첩을 그리 비관하지 마라. 그 속에는 인습적 관념도 있겠지만 그 관념은 전부가 야심(野心)이다.

남자는 반드시 처녀를 구하지 말 것이다. 처녀는 하룻밤에 사라질 수 있는 것이요, 동정(童貞)을 지킨 남자는 한 사람도 없다 해도 과언이 아닌 까닭이다.

현대인 중에는 독신(獨身)을 부르짖고 다니는 사람들이 많다. 입에 붙은 독신이나 마음에 있는 간음은 죄악으로는 다를 것이 없다.

이성을 많이 농락한 사람이 반드시 많은 사랑을 한 것이 아니요, 이성을 접해 보지 못한 사람이라고 꼭 사랑을 하지 못하는 것도 아니다. 질과 양이 다르다.

비단은 연하기가 쉽고 무명은 든든한 맛이 있다.

사랑이 죽음보다 강하다 하나 삶보다 강한 줄은 알지 못하겠다. 사랑을 위해 죽느니보다 나는 더욱 살아 보고 싶다.

사랑을 돈 주고 살 수 없으나 돈 없이 사랑을 할 수는 없다. 이것이 현대인의 고통이며 비관(悲觀)이다.

결혼은 연애의 무덤이라 하나 사랑을 창조하는 첫걸음에 불과하다.

유산자(有産者)의 사랑은 정복이 많고, 무산자(無産

者)의 사랑에는 단념이 많다.

나이 먹은 총각과 올드미스(Old miss)에게는 변태적 사랑이 흔한 동시에, 또는 건전한 사랑이 많은 것이다.

'러브 이즈 베스트(Love is best)'는 시인의 말이요, 소설가의 말은 아니다.

엘렌 케이(Ellen Key)가 반드시 사랑을 해 보았다고 누가 보증을 하랴? 마찬가지로 스트린드베리(Strindberg)[85]가 절대로 사랑을 안 한 것도 아닐 것이다.

세상에는 괴테(Goethe)[86]를 부러워하는 사람도 있고, 또는 욕하는 사람도 있다.

---

85) 스트린드베리(Johan August Strindberg, 1849~1912) : 스웨덴의 극작가이자 소설가. 대표작으로 《하녀의 아들》, 《아버지》, 《다마스쿠스까지》 등이 있다. 여성 캐릭터 묘사와 성 역할 탐구에 있어 선구적인 목소리를 냈다. 종종 여성 혐오를 노골적으로 드러내기도 했지만 작품을 통해 인간 심리에 대한 깊은 성찰을 보여 주었다는 평가를 받는다. 헨리크 입센, 안톤 체호프와 더불어 현대 연극을 이끈 3대 작가로 꼽힌다.

86) 괴테(Goethe) : 요한 볼프강 폰 괴테(Johann Wolfgang von Goethe, 1749~1832). 독일이 낳은 세계 최고의 문인이자 철학자, 과학자. 《젊은 베르테르의 슬픔》, 《파우스트》, 《이탈리아 기행》 등 주옥같은 명작이 국내에 일찍 번역, 소개되었다. 특히 젊은 청춘 남녀의 아련한 사랑과 비극적인 연애담을 다룬 《젊은 베르테르의 슬픔》은 국내외 독자들에게 사회적으로 큰 반향을 불러일으켰다.

클레오파트라(Cleopatra)와 안토니(Anthony)의 사랑은 사랑이 아니요, 여왕의 음사(淫事)라 하면 로미오(Romeo)와 줄리엣(Juliet)의 사랑도 사랑이 아닐 것이요, 음사일 것이다.

촌(村) 소녀가 낯 한 번 붉혀 주는 것이 도회지의 신식 여자가 입 한 번 맞춰 주는 것보다 더 단 것이 많다.

미인이 반드시 사랑에 행복스럽지 않고, 미남자가 수시로 몸을 망치는 일이 많다.

나빈(羅彬, 1902~1926)

"무산자(無産者)의 사랑에는 단념이 많다."

의사인 나성연(羅聖淵)의 맏아들로 서울에서 태어났다. 본명은 나경손(羅慶孫), 필명은 빈(彬)이며, 도향(稻香)이 호다. 1919년 배재보통고등학교를 졸업하고 경성의학전문학교를 중퇴한 뒤 영문학부에 입학하기 위해 일본에 건너갔다가 학비 부족으로 귀국해 1920년부터 경상북도 안동에서 보통학교 교사로 근무했다. 이상화, 현진건, 박종화 등과 함께 《백조》 동인으로 활동하면서 여러 편의 단편 소설을 발표했다. 1923년에 〈행랑자식〉을, 1925년 《여명》 창간호에 〈벙어리 삼룡이〉를 발표했다. 후자는 한국 근대 문학사상 가장 우수한 단편 중 하나로 평가된다. 날카로운 필치로 문제적 작품을 많이 쓴 천재 작가로 알려졌으나, 24세의 젊은 나이에 폐병으로 요절하고 말았다. 〈벙어리 삼룡이〉 외에 슬프고 비참한 민중들의 삶에 초점을 맞춘 〈물레방아〉, 〈뽕〉 등이 있다.

지상연애관

김억

경험도 아무것도 없는 내가 연애관이라는 것을 쓰게 되었으니, 이렇게 땀나는 일은 없습니다. 만일 과학적 견지로 보아 어디까지 실험을 기본으로 삼은 것이 아니면, 진실이라 할 수 없다는 것이 어떤 것이든지 적용될 말이라 한다면, 내가 말하려는 연애관 같은 것은 한 푼어치 가치도 없을 것이요, 또한 읽을 만한 것도 못 될 것입니다. 정직한 고백을 하자면 서적에서 본 것과 또는 친구에게서 들은 말을 종합하고 구체화함에 따라 내게는 이렇게 생각되었다는 것보다도 이러한 것이 아닐까 하는 것이 연애에 대한 의견으로, 표제를 지상연애관(紙上戀愛觀)이라 함도 그 뜻은 이에 지나지 아니합니다. 이것은 결코 회피하려는 생각에서 하는 말이 아니고, 나의 생활은 지금까지 진정한 연애를 맛볼 만한 것이 아니었기 때문입니다.

*

인생 문제 해결의 하나로도 연애는 중요한 것인 줄로 압니다. 시인들은 이 세상의 가장 큰 진실과 가장 깨끗한 신의(信義)는 소녀의 키스라 하며, 연애는 지상(至上)이고 신성하다고 노래합니다. 그리고 생물학자는 연애란 그렇게 신성한 것이 아니고 생물의 본능인 종족 보전에 지나지 않는다고 합니다. 이 두 가지 말은 서로 견지가 다르기는 하나, 둘 다 진실인 줄 압니다. 분명히 연애에는 영적과 육적 두 방면이 있는 것을 부정할 수 없습니다. 육적 사랑을 거치지 아니하고는 영적 사랑이 성립되지 못하는 것과 같이, 영적 사랑이 없이는 육적 사랑도 없을 것입니다. 결국 이것은 둘이면서도 하나로 이것이 연애가 아니 될 수 없어, 인생을 순화시키는 데 있어 연애가 큰 힘이 될 것입니다.

그러나 연애가 육적(肉的)만을 위하는 것이라면, 나는 이러한 연애는 긍정할 수가 없습니다. 그것은 연애가 아니고 용서할 수 없는 가장 큰 죄악의 하나인 줄로 생각하기 때문입니다. 영적 결합이 있은 뒤에는 육적 결합이 반드시 있을 것이요, 소위 플라토닉 연애라는 것을 나는 인정할 수가 없습니다. 진흙 속에 핀 연꽃과 같은 것이 연애라는 생각이 듭니다. 진흙은 육이요, 연꽃은 영(靈)입니다.

그 아름다운 방향(芳香)으로 인생은 끝나지 아니하고 정화되며 순화되어 새로운 세계를 지어낼 수가 있겠습니다. 그러나 시인이 말한 "사랑은 지상이다"라고 한 것에는 나는 동의할 수가 없습니다. 이에는 그 이유가 간단하여 인생에는 연애만이 있는 것이 아니고, 다른 많은 일이 있기 때문입니다. 연애지상을 주창함은 인생의 다른 방면을 간과한 것일 것입니다. 좀 더 넓고 깊게 인생을 보지 못하고 적은 인생을 볼 때에는 이러한 편견도 생기는 것입니다.

여류사상가 엘렌 케이(Ellen Key)와 함께 나도 연애 자유를 주장하고 싶습니다. 인생 그 자신이 영구한 것이 못되는 것만큼 연애도 그 수명은 영구한 것이 되지 못할 것입니다. 순진한 연애는 한마디로 말하면 타산적이지 않음과 같이 자기희생이며, 상호의 생명을 확장시키는 것일 것입니다. 그것이 만일 어떤 수단이요, 타산적이라 하면 그때에 연애는 벌써 그 생명이 없어집니다. 생명이 없는 것에서 무엇을 바라며, 무엇을 구할 수 있겠습니까!

영적 결합이 없는 것은 생명이 없다는 것입니다. 그러니 육적 결합은 죄악밖에 될 것이 없습니다. 이러한 의미에서 나는 연애의 자유를 주장하고 싶습니다. 연애가 없어지며 사라진다는 것은 연애의 요소인 영육 두 방면이 없어진다는 것이니, 이곳에는 생명이 없으니, 그러한 때에는 조금도 남기지 아니하고 상호의 동의(同意)로 흩어질 것입니다.

이 점에서 나는 현하(現下)의 도덕과 인습을 하루바삐 두드려 부숴야 할 필요를 알았습니다. 현하를 둘러싼 도덕과 인습은 너무도 좁고 까닭스럽습니다. 이러한 배경 앞에는 연애의 자유는 조금도 실현되지 못합니다. 새로운 길은 이곳에 있지 아니하고 저곳에 있어 우리는 지금의 과정에서 괴로워합니다. 이 때문에 얼마나 많은 희생자가 선구자적 순사(殉死)[87]를 하는지, 그것을 생각할 때에는 따스한 봄날에 한 조각 떨어지는 얼음장 같은 오래된 도덕이 멀지 아니했음을 혼자 생각하고 기뻐합니다.

말하자면 끝도 없을 만합니다만, 이만하고 더 말하고자 하지 아니합니다.

---

87) 순사(殉死) : 나라를 위해 목숨을 바침. 또는 죽은 왕이나 남편을 위해 따라 자살함.

김억(金億, 1896~?)

"나는 이러한 연애는 긍정할 수가 없습니다."

호는 안서(岸曙). 필명 안서생(岸曙生), A.S., 석천(石泉) 등. 평북 정주 오산학교 졸업, 일본 게이오기주쿠(慶應義塾) 영문과를 다녔다. 1916년 귀국해 1919년 폐교할 때까지 오산학교 교사로 재직했다. 오산학교에서 제자 김소월을 가르쳤고 나중에 소월을 문단에 소개했다. 1918년 《태서문예신보(泰西文藝新報)》에 프랑스 상징주의 시를 번역해 소개하는 한편, 〈봄은 간다〉 등의 시를 발표하며 본격적인 작품 활동을 시작했다. 1919~1921년에 《창조(創造)》 동인으로, 1920~1921년까지 《폐허(廢墟)》 동인으로 활동하는 한편, 세계어학회(世界語學會)를 조직하고 회장을 맡아 에스페란토(Esperanto) 보급 운동에 앞장섰다. 한국 최초의 현대 번역 시집 《오뇌(懊惱)의 무도(舞蹈)》(1921)를 내놓은 이후, 타고르의 시집 《기탄잘리》(1923)를 번역했고, 한국 최초의 현대 창작 시집인 《해파리의 노래》(1923)를 발간했다. 그 후 《동아일보》 학예부 기자와 《영대(靈臺)》 동인으로 활동했다. 낯설었던 해외 문학 이론과 서양의 상징시를 처음 소개하고 한국 자유시의 지평을 개척했다고 평가된다. 1920년대 중반 이후에는 한시의 번역, 민요 발굴 등에도 관심을 기울였다. 그러나 1940년대에 친일 행위를 했으며, 1950년 한국전쟁 당시 납북되었다.

연애관

전영택

나는 경험이 없기 때문에 말하기는 어렵습니다만 그러하려니 하고 짐작하는 말이나마 몇 마디 하려고 합니다.

*

그 동기가 순전하기만 하면 연애는 어떤 경우에든지 귀하고 아름다운 것이요, 허물 될 일이 없을 것이외다. 그들에게 많은 복을 줄 것입니다. 그러나 다만 동기가 옳지 못한 경우에 거기에 죄악이 따를 것입니다.

*

존경이 없는 연애는 장난거리에 지나지 않습니다. 연애가 꿀과 같다면 연애 없는 사귐은 밤과 같겠지요.

연애하는 것보다 아니하는 것이 더 행복이겠지요.

전영택(田榮澤, 1894~1968)

"연애 없는 사귐은 밤과 같겠지요."

호는 늘봄. 소설가이자 장로교 목사다. 평양에서 태어나 평양 대성중학교를 나와 일본 아오야마(青山) 사립대학교 문학부와 신학부를 졸업하고, 미국 캘리포니아주 퍼시픽 신학교에서 공부했다. 1918년 김동인, 주요한과 함께 《창조》 창간에 참여했다. 그의 대표작인 소설 《화수분》은 사실주의와 기독교 사상을 결합한 최초의 근대 소설로 평가된다. 종교인, 문인으로서 일제강점기에 소외되기 쉬운 가난한 이들의 삶에 대한 따뜻한 시선을 보여 주는 데 관심을 기울였다. 중편 소설 《생명의 봄》은 부부 관계에 관한 작가의 생각을 담은 작품이다. 해방 후 소설 창작보다 언론, 교육, 종교 분야에서 주로 활동했다.

전(全) 생명의 요구는 아니다
— 나의 연애관

최학송

1.

"연애는 사람의 전 생명의 요구다."

이렇게 말하는 사람이 있다. 연애지상론자가 그것이다. 과연 연애는 우리 사람의 전 생명이 될 수 있을까? 나는 그것을 믿을 수 없다. 믿을 수 없다는 것보다도 부인한다. 연애가 인생에 있어서 위대한 사실 중 하나인 것은 나도 시인한다. 그리고 연애에는 국경과 계급이 없다는 것도 나 또한 시인한다. 그러나 그것을 사람의 전 생명의 요구라고까지는 시인할 수 없다. 만일 연애를 사람의 전 생명의 요구라 하면 인생은 너무나 단순한 것이다. 우리가 생(生)에서 죽음에 이르는 그 사이에 영영급급(營營汲汲)[88] 한 모든 사실이 결국은 연애를 위해 한 것이 되고 말 것이며, 따라서 일생간 아무리 큰 사업을 이루었다 하더라도 연애라는 로맨스가 없다 하면 모두 무의미하게 되어 버릴 것이다. 그렇다 하면 영성(靈性)[89]과 영능(靈能)[90]을 가진 동물(인류)의 일생으로서 얼마나 한심한 일인가? 너무도 단순하다는 것보다 너무도 편협하다고밖에 할 수 없다.

나는 연애라는 것을 한 이성이 다른 이성에 대한 인격적 요구—성적(性的) 측면에 대한 자기완성의 요구라고 하는 것이 지당하다고 생각한다.

2.

어떠한 물(物)이든지 기울어지거나 굶으면 흔들리는 것이다. 그것은 기울어지거나 굶은 것을, 발리며 채우려는 충동에서 나오는 것이 되겠다. 물이 낮은 데로 흐르는 것은 수평을 얻으려는 것이며 어떤 물체가 쓰러지는 것은 중심을 잃은 것이다. 무기체도 이렇거든 유기체인 사람이야 더 일러 무엇 하랴?

---

88) 영영급급(營營汲汲) : 명예나 이익을 얻기 위해 몹시 아득바득하고 급하게 지냄.

89) 영성(靈性) : 사람의 신령한 품성이나 성질.

90) 영능(靈能) : 신령스러운 능력.

사람은 태어난 그대로는 완전무결한 것이 아니다. 그런 까닭에 결함을 채우고 완전에 이르려고 밤낮없이 꾸준한 노력을 지속하고 있는 것이다. 여기에 영적 동물의 진면목이 발휘되는 것이다. 그리하여 건실한 생의 소유자가 되려는 것이다. 사람이 자기의 불완전을 느껴 내적으로나 외적으로 의식적으로 그 불완전을 채우려고 하는 것은 개성이 눈뜨기 시작하는 묘령기(妙齡期)[91]로 비롯된다.

지식을 연마하며 덕성을 함양해 진리를 찾으려고 하며 먹을 것을 구하거나 입을 것을 얻으려 애쓰는 것이 결국은 다 자기(自己)라는 한 생을 충실하려는 요구에서 나오는 것이다. 연애도 이 요구 조건 가운데 하나로 영육(靈肉)의 요소를 구유(具有)한 것, 다시 말하면 성욕[性慾, 생식욕(生殖慾)이 포함됨]과 애욕(愛慾)의 두 가지가 합한 것이니, 인생에 있어서는 무엇보다도 먼저 구하게 되는 것이다. 묘령기 남녀의 요구 중에 연애가 제1위를 점하는 것도 이 때문이겠다.

주린 자가 주린 것을 느끼지 않으면 문제가 없지만, 느끼지 않을 수 없는 본능을 가졌고 주리다면 그것을 채우려

---

91) 묘령기(妙齡期) : 스무 살 안팎의 나이.

고, 즉 자기를 충실히 하려고 움직이게 된다. 이때에 주림을 채울 수 있는 대상을 구하지 못하면 초려(焦慮)[92]를 마지않는다. 또 대상 될 것을 찾았더라도 여러 가지 관계상 그것으로 내 생을 충실키 어려운 경우에는 초려가 일층 더 심해 우울병에 걸리며 심한 자는 살육에까지 이르게 된다. 이것은 고금(古今)이 다 같았다.

> 요조숙녀(窈窕淑女)는 군자호구(君子好逑)로다.
> 구지부득(求之不得)이라, 전전반측(輾轉反側)이로다.[93] (《시경》)

---

92) 초려(焦慮) : 애를 태우며 생각함.

93) 요조숙녀(窈窕淑女)는… 전전반측(輾轉反側)이로다 : "얌전하고 고운 아가씨는 군자의 좋은 배필이로다. 구해도 못 얻으니, 이리저리 뒤척이다 괴로움에 잠을 이루지 못하네." 《시경(詩經)》 〈국풍(國風)〉 〈주남(周南)〉 관저(關雎) 편에 실려 있는 시구 일부를 인용한 것이다. 시의 전문은 다음과 같다. "꾸욱꾸욱 우는 물수리, 황하의 모래섬에 있도다. 얌전하고 고운 아가씨, 군자의 좋은 짝이로다. 들쭉날쭉한 마름 나물, 좌우로 물길 따라 취(取)하네. 얌전하고 고운 아가씨, 자나 깨나 구하도다. 구해도 못 얻으니, 자나 깨나 생각하고, 그리워하여 아득하고 아득해라. 누워서 엎치락뒤치락 하노라(關關雎鳩, 在河之洲, 窈窕淑女, 君子好逑, 參差荇菜, 左右流之, 窈窕淑女, 寤寐求之, 求之不得, 寤寐思服, 悠哉悠哉, 輾轉反側)."

사람, 사람이, 사람 하나 죄에 꼭 죽어 왔네! 그 사람
살려 놓을 사람은 사람 하나가 꼭 있건만 그 사람, 사람
살릴 줄을 어이 그리 모르는 거나! (속요)

설월(雪月)이 만정(滿庭)한데 바람아 부지 마라
예리성(曳履聲)[94] 아닌 줄을 판연히 알건마는
그립고 아쉬운 마음에 행여 귄가 하노라[95](시조)

연애는 성적(性的)으로 자기를 충실히 하려는 강렬한 애욕에서 나오는 것으로 그것을 이루지 못할 때에는 번민이 있으며 우수가 있으며 저주와 살육이 있는 것이다. 그러나 인생으로서 성적 방면에 대한 요구가 되지 않았다고 세상을 저주하고 자신까지 망하는 것은 너무도 몰상식, 무책임한 일이 아닌가 싶다.

---

94) 예리성(曳履聲) : 신발(짚신) 끄는 소리.

95) 설월(雪月)이… 하노라 : 《청구영언》, 《병와가곡집》 등 여러 시조집에 실려 있는 무명씨 작의 시조. 현대어로 번역하면 다음과 같다. "눈 쌓인 밤에 비치는 달빛이 뜰 안에 가득한데, 바람아 불지 마라 / 신을 끌고 다가오는 소리가 아닌 줄 분명히 알고 있지만 / 그립고 아쉬운 마음에 행여나 임이 오시는 소리가 아닌가 여기노라."

3.

연애가, 이성이라는 한 인격이 이성이라는 또 다른 인격에 대한 요구라 하면, 그것은 인격적이라야 되겠다. 그런데 우리 가운데 이것을 몰이해해 미로(迷路)에 방황하는 이가 많다. 인격이라는 것이 영육의 일치를 의미하는 이상, 인격적 요구라 하면 물질과 정신의 일치된 요구라야 되겠다. 그리고 그 요구가 흠모와 존경으로부터 나와야 되겠다.

왜 그러냐 하면 성적(性的)과 영적(靈的)으로 충실을 요구하는 것이니까, 적어도 자기가 느끼는 것만 한 불완전을 채워 줄 위대한 인격이라야 될 것이다. 그런 인격은 자기가 영원히 흠모하며 존경할 인격이다. 이 때문에 우리는 어버이와 어른을 흠모하며 존경하지만, 거기는 성적 요구가 없는지라 연애라 할 수 없다. 또 일시 춘정(春情)을 풀기 위해 남녀가 어떻게 상합(相合)했다 하더라도 거기는 흠모하고 존경할 인격을 볼 수 없으니 연애라 할 수 없다. 그러므로 여기에 어떠한 남자가 연애를 한다 하더라도 피차간 인격을 이해해 거기서 공통점과 아울러 흠모하고 존경할 점을 발견하지 못하고 한다면, 그것은 연애가 아니다. 만일 그러한 인격적 요소를 발견하지 못하고 육교(肉交)를 한다 하면 그것은 순전히 수욕(獸慾)[96]에 지나지 못하는 것이다.

여기에 대해,

"그렇지 않다. 우리가 청루(靑樓) 홍등(紅燈) 간에서 일야(一夜)의 춘정을 푸는 데서도 연애는 성립할 수 있다. 왜? 잠시간 춘정을 푸는 때도 그 전후에 애오라지 대상에 대해 사랑을 느낀다."

하고 반박할 사람도 있을 것이다.

그러나 나는 그것을 절대 부인하겠다. 우리가 어떤 이성을 대할 때에 부드러운 쾌감을 느끼며 동시에 성적 충동을 받나니, 이것은 동물이 다 가진 바, 종족애적(種族愛的) 본능 그것이지, 인격적 흠모와 인격적 존경으로 말미암아 나오는 인격적 성(性)의 요구는 아니다. 이 본능적 종족애(種族愛)를 오해해 연애라고 해석하는 이가 많으니 이것은 더욱 큰 오해다. 이 때문에 연애 미로에서 꽃다운 일생을 버리는 사람이 너무도 많다. 근래에 흔히 보는 지위, 명예, 금전에 끌리는 연애(?)는 연애가 아니다. 그것은 자기와 정조(貞操)[97]를 파는 것이다. 시간 시간마다 몸을

---

96) 수욕(獸慾) : 짐승 같은 음란한 욕정.

파는 매춘부나 일생을 어떤 부호(富豪)에게 파는 귀부인이나 팔리는 의미에 있어서는 조금도 틀릴 것이 없다. 이것은 변태(變態) 제도 하에서 인격의 유린을 받는 것이다.

그런데 인격적인 이해와, 흠모와 존경을 하려면 재래에 우리가 가지고 오던 남녀 간 관념부터 개조해야 하겠다. 저것은 여자다, 혹은 남자다, 그러므로 접(接)하면 성적으로 어떠한 충동을 받는다, 하는 의식으로 엄격한 구별을 지어서 그 사이에 천 길 절벽을 질러 놓은 제도로서는 피차에 인격을 이해하기 어려운 일이다. 그러니 우리는 재래 제도를 타파, 초월하고 남녀가 한 인류라는 의미에서 상접(相接)하게 되면 얼마나 좋으랴?

사람은 구속을 받으면 받을수록 자유에 대한 동경이 심한 것이다. 불완전한 성적(性的) 발육(發育)에 구속을 받을까? 어떠한 때 어떠한 곳에서 남녀가 만나면 본능의 유혹에 맹목적으로 끌리게 되는 것이다. 그러니 우리는 될 수 있는 대로 남녀가 한 친구처럼 교제해 내적으로나 외적으로 피차의 생활을 이해해야 되겠다. 나는 이런 의미에서 남녀 공학과 자유 교제를 주장한다.

---

97) 정조(貞操) : 절개와 지조.

4.

“연애 시대는 열렬하더니 부부 시대가 되니 평범하다.”

나는 이러한 말을 여러 번 들었다. 이것도 경험자라면 일리가 있는 말이겠다. 그러나 부부 되기 전의 것만 연애가 아니라, 부부가 되어서는 성숙하는 것이다. 위에도 말했거니와 무엇이든지 기울어지거나 곪으면 흔들리고, 차면 느긋해 자리가 잡히는 것이다. 그런 까닭에 부부 되기 전에는 아직 성숙기에 들지 못했는지라 성숙시키려고 천만 번의 키스와 포옹이라도 오직 불만의 정이 강렬히 끓어오르지만, 부부가 된 다음에는 피차간 “두 몸 한마음, 즉 성적 방면의 자기는 완성되었다”는 것을 느끼게 된 때…. 마치 주린 자가 음식을 보고 먹을 때에는 하늘과 땅을 주어도 바꿀 것 같지 않다가 먹고 난 뒤에는 “뱃속에 있는 것이 어디로 가랴. 결국은 내 피가 되겠지” 하며 든든히 믿고 무심한 태도를 취하듯이 부부 생활에 들면 그렇게 되는 것이다.

그러나 그렇게 무심한 듯하던 부부 사이라도 어떠한 운명으로 하루아침에 이산(離散)하게 되면 마치 뱃속에 가득하던 음식을 갑자기 빼어 버린 듯 물질적으로나 정신적으로 그 공동(空洞)[98]을 느낀다. 실연자의 고뇌가 이 까닭이다.

인연(因緣)이 있고도 이 일을 하느냐? 연분(緣分)이 안 될나구 요 모양이런가? 전생(前生) 차생(此生) 무슨 죄로 너와 나와 생겨나서 이 지경이 웬일이냐? (속요)

살아서 그리워하리? 죽어서 잊어야 하리?
죽자 하니 청춘이요 사자 하니 님 그리워
저 님아, 한 말만 하소서, 사생결단하리라 (시조)

애써 한 방면에 충실한 자기를 헐어 버릴 때 어찌 고통이 없으며 번민이 없으랴? 세상의 온갖 모욕과 멸시와 불행은 홀로 받는 듯도 할지며, 전신의 피는 뽑힌 듯이 아무 기력도 없는 듯할 것이다. 이 때문에 질투가 생기고 투쟁이 일어나고 살인, 자살 등의 온갖 죄악이 나오게 되는 것이다.

그러나 이것은 연애를 사람의 전 생명의 요구로 믿은 자며 소(小) 범위, 일(一) 국부적(局部的) 자기만 생각하는 사람이라고 하지 않을 수 없다.

사람은 소분(小憤)으로 인도(人道)에 어긋난 질투나

98) 공동(空洞) : 구멍.

투쟁이나 살인이나 자살을 계속하면 계속할수록 자기의 생을 쇠퇴 멸망케 하는 것이다.

그러니 연애가 우리의 삶 전체가 아닌 이상, 연애에 실패했더라도 다른 것으로써 우리의 생을 유의미하게 보충하고 실연의 상흔을 고칠 수 있는 것이다. 실연자(失戀者)라고 철학, 과학, 예술까지 그를 배척할 이유는 없다.

사람은 개인의 명예와 이익만 위할 것이 아니다. 우리에게는 사회라는 큰 배경이 있다. 공존공영(共存共榮)이 인류의 대도(大道)라 하면, 사회의 발전 여하에 그 공존공영의 지속 여부가 달린 것이다. 그런데 사회의 발전 여하는 각 개인의 충실 · 불충실에 있는 것이다. 그러니 우리는 우리의 생에 충실함에도 사회적으로 해야만 되겠다. 실연(失戀)이라는 한 국부적 사실로 말미암아 전 인류의 큰 도를 그르친다는 것은 뜻있는 사람이 할 바가 아니다. 내가 사랑하던 어떠한 이성이 나와 떠나려 하는 때에 우리는 인격답게 응해야 될 것이다. 한 쪽에서 싫다는 때에는 벌써 연애가 파멸된 것이다. 파멸된 것은 억지로 지속할 수 없는 것이 아닌가? 우리가 어떠한 이성에게 나를 위해 일생을 바치라고 강요함은 자본주의의 한 소유권 연장이다. 공도(公道)[99]라고 할 수 없다. 또 사랑한다 하면 그뿐이지, 바쳐라 말아라, 신성이니 비신성(非神聖)이니 하는 것도 사랑이라는 데는 용납지 못할 말이다.

사랑하는 사람을 위해서는 희생을 아끼지 않는다－하는 말을 흔히 들으나 이것은 전연(全然)히 자기를 부인하는 말이 아니다. 사람은 한 자기보다 두 자기, 세 자기, 이렇게 여러 자기를 조성할수록 법열(法悅)[100]을 느끼는 것이다. 그 법열이 내 생의 충동이며 확충이다. 한 인간을 위해 희생함은 한 자기를 조성함이며, 두 사람, 세 사람, 열 사람, 백 사람, 천 사람을 위해 희생하면 두 자기, 세 자기, 열 자기, 백 자기, 천 자기를 조성함이니 자기의 범위가 넓어질수록 사람은 그 생의 확충 범위가 넓어서 법열이 큰 것이다. 야소석가(耶蘇釋迦)[101]가 그러한 사람이며, 소크라테스, 공자가 그러한 사람이다. 그런데 연애는 범위가 좁다. 한 인격을 완성하는 위대한 힘은 되나, 만(萬) 인격을 완성하는 인류애와는 다르다.

"한 사람으로는 고적(孤寂)하고, 두 사람으로는 원만(圓滿)하고, 세 사람부터는 질투와 살육이 일어난다."

이것이 연애의 범위다. 그러나 인류애는 그 대상이 많

---

99) 공도(公道) : 떳떳하고 당연한 이치.

100) 법열(法悅) : 참된 이치를 깨달았을 때 느끼는 황홀한 기쁨.

101) 야소석가(耶蘇釋迦) : 예수와 석가모니.

으면 많을수록 더 힘이 있고 커지는 것이다.

사랑이 그 어떻더냐, 둥글더냐, 모나더냐,
길더냐, 짧더냐, 밟고 남아 자일러냐[102].
하 그리 긴 줄은 모르되 끝 간 데를 몰라라. (시조)

인류애는 이렇게 그 범위가 커서, 이 인류애의 힘은 능히 실연의 상흔(傷痕)을 고친다.

내 일찍이 어떤 소설에서 이러한 것을 보았다. 자세한 것은 다 잊었기에 희미하나마 그 대의(大意)만 들어 보자.

어느 바닷가에 아들딸 낳고 정답게 살아가는 부부가 있었다. 하루는 그 남편(남편은 어부)이 배를 타고 고기를 잡으러 먼 해양으로 나갔다. 그때에 풍랑이 일어서 모든 배들이 혹은 부서지고, 혹은 불려 갔다. 그 남편의 배 소식도 알 길이 없었다. 아내는 남편을 기다렸다. 그러나 여러 해 지나도 남편은 오지 않았다. 아내는 자기 남편이 죽은 줄로 믿었다. 그리고 가계(家計)가 곤란한 중 아직도 남은

---

102) 밟고 남아 자일러냐 : 한 발 두 발 밟아 재고도 남아, 한 자 두 자 하고 자로 재야겠느냐.

청춘이 있는지라 이웃 어떤 사람에게 팔자를 고쳐서 전 남편 소생과 같이 한유(閑裕)한 날을 보내게 되었다. 이때 죽은 줄 알았던 전 남편이 표박(漂迫)해 다니다가 집으로 돌아왔다. 돌아와 본즉 아내는 벌써 그 모양이 되었다. 그의 고뇌가 얼마나 심하랴? 그는 아내의 문간에 서서 자기가 살아 온 것을 알리면 좋을까? 그만 모른 체하고 어디로 가 버릴까 하고 퍽 주저했다. 그러다가 그는 이렇게 생각했다.

'나는 그저 내 아내를 사랑하고 자식을 사랑한다. 내 아내와 내 자식은 지금 유족(有足)한 살림에 공부까지 잘 하고 있다. 내가 이제 내 욕심만 위해 그녀를 빼앗으면－거지가 된 내가 그들을 거느리게 되면－그들의 생활은 다시 불안에 들 것이다. 내가 참자. 내가 슬그머니 피해 죽은 듯이 하는 것이 아내와 자식을 사랑하는 진정이며, 그 남자의 은의(恩義)도 갚는 것이다. 그네들이 잘된다면, 내게는 오늘날의 이 고통보다 더 큰 기쁨이 있겠다. 나는 사랑하는 가족을 위해 희생하자.'

이렇게 생각하고 문간에서 주저하던 그 본(本) 남편은 자기의 그림자를 먼 나라에 감춰 버렸다. 아, 얼마나 위대한 인격자인가? 이는 넓고 큰 인류애로써 연애를 이긴 자다. 여러 자기를 조성한 자다.

5.

이렇다고 내가 연애를 부인하거나 비난하는 것은 아니다. 한 이성이 다른 이성에게 대하는 인격적 요구—성적 방면에 대한 자기완성의 요구—라는 의미에 있어서, 연애라는 위대한 사실은 모든 사회 제도가 변해 새로운 세상이 된다 하더라도 인류(남녀)가 있는 동안에는 없어지지 않을 것을 나는 단언한다. 물론 연애는 한 인격을 완성하는 위대한 하나다. 그러므로 나는 연애하는 것을 찬성한다. 그러나 신중한 고려와 엄밀한 이해를 요할 것이며, 인류 전 생명의 요구가 아니라는 말을 거듭 해 둔다.

최학송(崔鶴松, 1901~1932)

"연애는 한 인격을 완성하는 위대한 하나다."

아호인 서해(曙海)가 본명보다 더 유명하다. 1918년 《학지광》에 시 〈우후정원의 월광〉을 발표해 시인으로 등단했고, 1924년 《조선문단》에 소설 〈고국〉을 발표해 소설가로 등단했다. 최서해의 네 번째 부인인 조분녀는 시조시인 조운(曺雲)의 배다른 서얼 누나다.

함경도에서 태어나 자란 그는 《청춘》, 《학지광》 등 문예잡지 등을 읽으면서 혼자 문학 공부를 했다. 그 후 1918년부터 1924년까지 간도와 회령군에서의 유랑 생활 경험 등을 바탕으로 가난과 지주들의 착취로 고통 받던 농민(민중)들의 삶을 작품 속에 담아냈다. 1924년 《조선문단》에 발표한 〈고국〉과 1925년의 〈탈출기〉는 그를 일약 문단 스타로 만들었다. 그 후 자신의 체험을 바탕으로 극빈자의 고투와 자연 발생적인 반항을 주제로 한 작품을 다수 발표했다. 1925년 자신을 등단시킨 《조선문단》과 결이 다른, 경향문학을 추구하던 카프(KAPF)에 가입했다가 1929년 탈퇴했다. 신문사 기자로도 활동했으나, 32세의 젊은 나이에 세상을 떠났다.

연애문답

방인근

여자 : 나를 사랑하세요?

남자 : 그것을 몰라서 묻는 게요?

여자 : 글쎄, 말씀해 보세요.

남자 : 내가 당신을 사랑하는지 안 하는지 당신이 알 것 아니오?

여자 : 알 듯하면서도 확실히 믿어지지 않아서요.

남자 : 그럼 나를 의심한다는 말이오?

여자 : 아니, 글쎄 아주 의심하는 것은 아니지만 당신의 사랑이, 내 마음에 꼭, 뚜렷하게 박힌 것 같지 않아서요.

남자 : 그럼, 당신부터 나를 사랑한다는 것이 희미한 것이구려.

여자 : 아니에요. 그것은 내가 알아요. 내가 당신을 몹시 몹시 온 마음을 다해 사랑한다는 것을 확실히 알지만,

당신의 사랑도 그러할는지 의심이 좀 나요.

남자 : 참 답답한 말이구려.

여자 : 그럼, 당신은 내가 당신을 무척 사랑한다는 것을 의심치 않고 믿으세요?

남자 : 글쎄, 확실히는 모르지요. 더구나 여자의 마음이니. 어쨌든 사랑하는 사람 사이에는 의심이 많은 게야.

여자 : 저것 보세요. 당신도 그러면서. 아무렴, 여자보다 남자가 더 마음이 변하기 쉽고 음흉하지요.

남자 : 현대 조선 여성들은 참 말이 아니지. 허영에만 눈이 발개가지고.

여자 : 뭘, 남자가 더 지독하지요. 결혼만 해서 몇 해 살면 싫증이 나고 딴 여자에게 눈독을 들인다는데.

남자 : 그럴 수가 있나, 참사랑이 있으면.

여자 : 그럼 우리는 어떻게 되겠어요? 지금은 연애 시대니 모르지만, 혼인한 뒤에 당신이 차 버리면 큰일 아니겠어요?

남자 : 그야 보증할 수 없겠지. 내 지금 마음 같아서는 당신을 영원히 사랑할 것 같지마는 다음 일이야 알 수 있겠어요? 그것은 당신도 마찬가지일 터이겠지만서도요.

여자 : 아니에요. 나는 그렇지 않아요. 죽기까지 당신을 사랑해요.

남자 : 그것은 당해 보아야 알지요. 그런데 남자는 아내에 대한 사랑이 없어지면 노골적 행동을 취해 알게 되지만, 여자는 남편에 대한 사랑이 없어지면 숨겨 가며 살지요. 사회 제도가 그렇게 만든 것이지만, 원래 여자가 약해서 그렇고, 자기 인격을 무시해서도 그렇겠지요. 왜 살기 싫은데 억지로 살아요?

여자 : 그야 그렇기도 하겠지만, 대개는 남자가 잘못하고 마음이 변하지, 여자는 그렇지 않아요.

남자 : 그런데 나는 이렇게 생각하오. 세상에 원만한 가정, 사랑이 변치 않는 남녀가 적지요. 연애 시대에는 불이 나도록, 꽃이 피도록 사랑이 지극하다가도 혼인해서 몇 해 살면 파란(波瀾)과 비극이 일어납디다. 그래서 결혼은 인생의 무덤이라고까지 말한 사람이 있지 않아요? 여기에는 중요한 원인이 있습니다. 대개 결혼할 때부터 연애 생활이 끝난 것처럼 생각하는 이가 많아서 연애 시대와 결혼 후를 크게 구별해서 생각합니다. 그래서 결혼한 후에는 미지근하고 아무런 감흥도 없이 지냅니다. 그러니 사랑이 식어 갈 수밖에. 그러나 결혼이 연애 생활의 시작인 것을 잊지 않고 나아가면 됩니다. 사랑을 더 창조해서 연애 시대보다도 더 사랑에 힘을 써야 할 줄 알아요. 그러면 결혼 전에 사랑이 많던 것이 결혼 후에 식을 염려가 없을 것으

로 압니다.

여자 : 참말 그래요, 그것은 큰 진리예요. 그럼 우리는 그렇게 합시다. 응? 결혼 후에도 사랑의 창조에 힘을 써서 우리 일생은 꽃이 피도록 해요. 네?

남자 : 물론 그렇지요. 힘쓰다가 안 되면 할 수 없지만 최선의 노력은 해야지요. 흔히 사람은 이것을 등한시합니다. 사랑 창조에 노력할 사이가 어디 있니? 밥이다, 사업이다 하는 일에만 덤벼들 뿐 사랑은 예외로 합니다. 여기서 큰 폐단과 인생의 비극이 연출됩니다.

여자 : 그러면 우리는 한평생 우리의 사랑을 가치 있게 완성하도록 힘씁시다. 그래서 우리는 완전한 인격 소유자가 됩시다.

남자 : 물론 이것이 인생의 큰 의무요, 사업입니다. 그렇게 우리는 완전한 연애에서 결혼으로, 결혼에서 사랑 창조로 우리의 인격을 완성한 뒤에는 사회에 대한 일을 해야겠지요.

여자 : 그래요. 꿀 같은 사랑에만 취하지 말고 일을 해야지요. 일을 해야 우리의 사랑은 더 자라나게 되겠지요.

남자 : 일! 사회에 봉사! 얼마나 아름다운 일입니까?

여자 : 정말 우리는 두 몸을 합해 완전한 사람이 되어서 좋은 일을 많이 하다가 죽읍시다. 참말 완전한 사랑이 없

는 사람은 제아무리 뜻이 있다 해도 즐거움과 인생의 취미를 몰라 비관으로 치우치고 힘이 없어 사회에서 일도 잘하지 못할 것 같아요. 그렇지 않아요?

남자 : 물론 그렇지요. 가깝게 서양 사람과 우리를 비교해도 압니다. 그네의 가정은 얼마나 즐거워요. 그리고 얼마나 힘차요. 그래서 그들의 활동력은 비상합니다. 우리의 시들고 썩은 가정에 비해 얼마나 뜻이 깊습니까?

여자 : 거기에는 다른 원인도 있겠지요. 아마, 우선 지식이 부족하고 돈이 없고 해서.

남자 : 잘 알았소이다. 참으로 우리에게는 무엇보다 아는 것과 돈이 없습니다. 지식과 돈이 없으면 사랑도 큰 치명상을 당합니다.

여자 : 그럼 우리는 힘써 배워야지요. 자꾸자꾸 공부해야지요. 그리고 노동을 해 우리의 생활을 튼튼케 하지요.

남자 : 암, 놀고먹고 하늘에서 금이 떨어질 것을 기다리지 말고 힘써 일을 해야지요. 대대로 내려오던 거짓의 체면을 우리 몸에서 벗어내 버리고 나서서 노동을 해야지요. 무슨 일이든지 덤벼서 해야지요. 더구나 여자는 남자의 기생충처럼 지낼 것이 아니고, 여자도 덤벼서 같이 해야지요. 그래서 경제 독립이 되도록 해야 할 것입니다.

여자 : 그럼요. 어쨌든 남녀는 날개와 바퀴 같아서 하나

가 없어지면 안 돼요. 똑같이 나가야지요.

남자 : 그런데 여보, 우리가 자주 만나서 포옹과 키스 끝에는 반드시 성욕의 충동을 받아 애를 쓰는데 큰일이오.

여자 : 아이참, 별소리가 다 나오네.

남자 : 별소리라니, 그것이 큰 문제입니다.

여자 : 그야 결혼하기까지는 참아야지요. 그것이 연애를 퍽 깨끗이 진행하게 하고 좋을 줄 알아요.

남자 : 반드시 그럴까요. 오히려 연애를 더 굳게 할 것 같은데.

여자 : 아니에요. 연애를 부수는 것이에요.

남자 : 그럼, 결혼 후에 육체적 관계를 맺는 날이면 연애가 부서지나요?

여자 : 아이 참, 그렇게 생각하면 그렇기도 한데. 아니 아니, 남자는 어쨌든 성욕의 만족을 채우면 사랑이 박약해지고 싫증이 난대요.

남자 : 그야 여자도 그렇겠지요. 이것이 모두 연애를 성욕의 만족을 최종의 이상으로 삼은 무리들이 하는 짓이지요. 연애를 그보다 더 가치 있게 생각하는 사람은 그런 폐단이 없겠지요. 하여간 나도 결혼 전에 육적 관계는 좋은 일이라고 생각하지 않습니다. 그것이 썩은 관념의 말이요, 엄중히 비판하면 연애로써 된 성적 관계는 결혼 전이

나 후나 마찬가지라고 하겠지만, 사회 제도의 여하는 둘째로 치더라도 관념과 감정이 결혼 전의 육적 관계와 결혼 후의 생활에 큰 영향이 있을 줄 압니다.

여자 : 그래요, 결혼 예식은 사람이 만든 하나의 작은 법이지만 우리가 그것을 행한 다음에야 거기에 맞도록 하는 것이 좋겠지요.

남자 : 하여간 우리는 성욕이나 무엇이나 절조를 지킵시다. 여유 있는 생활을 합시다. 그리고 육에 치우치지도 말고 영에 치우치지도 말고 영육이 일치되는 연애 생활을 합시다. 나는 연애를 나무와 같다고 생각합니다. 나무가 뿌리는 땅속에 박혔지만 가지라든지 꽃은 공중에 뻗쳐 올라간 것과 같이, 연애는 그 뿌리는 비록 물질계(物質界)와 육에 붙어 있지만 그 가지와 꽃은 정신계(精神界)와 영에 뻗쳐 있습니다.

여자 : 참말 그래요. 우리는 완전한 나무가 됩시다. 좋은 나무가 됩시다.

남자 : 생명 있는 나무! 과연 연애에는 생명력이 있고 신비의 꽃이 피고 해야 합니다. 연애는 인생 생활을 지배하는 집이요, 사회 문명의 원동력이요, 인류 역사의 대부분이올시다.

여자 : 그러면 우리가 서로 사랑한다는 것이 우리 두 사

람의 일뿐으로 가벼운 장난이 아니라, 우리 생명, 사회, 문명에 관련되는 커다란, 의미 있는 일입니다그려.

남자 : 암, 그러고 말고요. 자연의 법칙이지요.

여자 : 그런데, 당신은 이혼이라든가 첩을 둔다든가 하는 것을 어떻게 생각하셔요? 당신도 후에 그런 일을 하진 아니할 테지요?

남자 : 그야 우리 사랑이 지속되는 날까지는 그런 일이 없어야 하지요. 그러나 사랑이 없어진 다음에는 애써 버티고 나갈 필요는 없겠지요. 오히려 죄악이지요.

여자 : 나는 그렇게 생각하지 않아요. 사랑이 없어진다는 것이 아까 당신 말처럼, 사랑 창조에 힘쓰지 않고 모든 부주의에서 나온 것이지 처음에 사랑했다가 나중에 싫증난다는 것은 틀린 수작이 아니에요? 사랑이 지속되는 날까지라니 그런 말이 어디 있어요. 적어도 진정한 연애로써 성립된 결혼은 파괴될 염려는 없을 줄 알아요.

남자 : 그렇게 사람이 완전해졌으면 좋게.

여자 : 아니에요, 내 생각이 완고한지 모르지만, 일반 사람이 이런 관념을 가졌으면 좋겠어요. 연애 결혼한 후에는 아주 숙명적으로 서로 떨어질 수 없다는 일부일부(一夫一婦)로 맺어진 이상, 다시 꼼짝할 수 없다는 선입관이라든지 강제 관념을 가져야 할 줄 알아요. 공연히 맘이

들떠서 이 여자에게, 저 여자에게, 눈이 발개가지고 덤비는 것은 짐승의 행동이라고밖에 할 수 없어요. 가난한 사람이 부자만 자꾸 쳐다보고 욕이나 하고 부자에게서 돈이 떨어지기만 기다리고 일을 하지 않고 앉아 있는 것처럼 공연히 잘사는 사람, 잘생긴 미인에만 눈이 벌개져서 자기 가정의 사랑 창조하는 일을 아니하고 날뛰는 사람이 좀 많아요?

남자 : 여자도 그런 여자가 많지. 당신 말이 옳소이다. 하여간 세상에는 완전한 사람이 어디 그리 많소. 서로 부족한 사람이지요. 서로 도와서 완전한 사람을 만들도록 하는 것이 연애 생활의 책임이지요. 밭에 거름을 잘 주고 잘 가꾸면 좋은 밭이 되는 것과 같이, 좋지 못한 나무라도 공들여 가꾸면 훌륭한 나무가 되는 것과 같이 우리도 다른 것 생각하지 말고 우리 밭, 우리 집, 우리 나무를 잘 가꾸어 완전하게 만들도록 합시다.

여자 : 그럼요. 그래서 우리는 잘 삽시다. 퍽 오래 재미있는 이야기를 했어요.

남자 : 참, 인제 그만둡시다. 다음에 또 이야기합시다.

여자 : 그럼, 두고두고 우리가 머리가 허옇게 되도록 할 이야기인데…. 호호.

남자 : 암, 그렇지. 하하.

방인근(方仁根, 1899~1975)

"참 답답한 말이구려."

호는 춘해(春海). 충남 예산 태생이다. 서울의 배재고등보통학교를 졸업한 후 일본 주오대학(中央大學)에서 독문학을 전공하고 귀국했다. 1925년 월간 《조선문단》의 일원으로 활동했는데, 사재를 털어 《조선문단》 발행과 운영에 관여했다. 《조선문단》은 조선프롤레타리아예술가동맹(KAPF)의 경향파 문학에 대항하기 위해 같은 해 순수문학을 추구하는 문인들로 결성된 조선문인회에서 발행한 잡지다. 방인근은 1920년대까지는 순수문학 계열의 단편 소설을 발표했으나, 1930년대에 《마도의 향불》(1932), 《방랑의 가인》(1933) 같은 신문연재 대중 장편 소설을 발표해 큰 인기를 누렸다. 해방 이후에는 장비호 탐정을 내세운 여러 편의 탐정소설을 발표했고, 1950년대 이후에는 점차 선정적인 연애 소설 작가로 활동했다. 창작 경향이 계속 변했다.

부록
《조선 문사의 연애관》에 수록되지 않은 작품들*

《조선 문사의 연애관》은 조선문인회의 기관지 《조선문단》(1925년 7월 특대호)에 〈제가(諸家)의 연애관〉이라는 주제로 29명의 문인들이 기고한 글 중 22편을 추려 묶은 것이다. 부록에 실린 글들은 《조선문단》에 실렸던 29편 중 《조선 문사의 연애관》에 수록되지 않은 것이다.

육욕의 시간적 쾌락

박영희

어떤 사람은 말하기를 "연애는 지상(至上)"이라는 말을 한다. 그러나 내 생각에 연애라는 것은 지상(至上)이니 지하(至下)니 할 필요가 없다. 이 말은 연애를 무시하는 말이 아니다. 인생과 연애라는 것을 지상이니 지하니 하고 특별히 분류해서 말하고 싶지 않다. 그것은 인생이라는 데서 남자와 여자를 분류해서 말하기 싫은 것이나 동일한 것이다. 인생에게는 천부(天賦)의 것으로 생식욕(生殖慾)이 있게 되었다. 그런고로 이 생식욕을 영원히 파멸하지 않고 인류의 출생을 영원히 계속하게 하기 위해 생식욕을 사람에게 줄 때에 특별히 그 생식적 노동의 보상으로 성욕을 갖게 되었다. 즉 남자가 여자에게 대해서 생식 작용 이외에 권태를 갖지 않게 하기 위해서 이 성욕을 시간적으로 향락하는 특권을 준 듯싶다. 그러나 사람은 자꾸 진화하는 것인 것을 따라서 생활의 여유와 감정의 변태적 발전으로써 이 성욕을 분류해 가지고 생식 작용을 하지 않고 긴장미만 가진 것을 이름해 신성(神聖)이라고 하고 직접으로 시간을 걸리지 않고 생식 작용에 이르는 것을 비신성(非神聖)이라고 했다. 다시 말하면 남자의 정신과 여자의 정신이 가부(可否)의 불평이 없을 만큼 타협하는 시간 사이에 생기는 미감이 이에 연애라고 하고 싶다. 그런고로 이 연애라는 것은, 인생이라 하면 생식력의 소유자라고 연상할 수 있는 것과 같이 사람이 필수적으로 갖고 있는 것이다. 사람에게 눈이나 코가 있어 감각이 생기고 또 다른 기관이 있는 것과 마찬가지로 연애라는 것도 필수 조건으로 따라다니는 것이다. 또 사람은 이 육욕의 생식적 작용 때문에 우리에게 권태를 주게 되기 쉬운 데 반해서 이 연애라는 것은 인생의 성욕 생활의 절망과 고독 사이에서 늘 우리에게 시간적으로 긴장적 쾌락을 주는 것이 사실이다. 그런고로 연애는 별 것이 아니다. 육욕적 작용까지 일으키게 하는 도정에서 생기는 한 리프레쉬먼트(Refreshment, 정신을 쾌활하게 하는 것)에 불과하다. 그런고로 어떠한 육욕적 행위에서 이 연애가 없는 것은 아니지만, 근대인들의 연애라는 것은 그것과는 좀 다르다. 그것은 사실은 그렇지 않으면서도 연애는 신성하다 하는 우상을 만들어 가지고 그것을 숭배하려고 한다. 그래서 그 연애 우상에게 모든 것을 바친다. 금도 바치고 은도 바치고 생명도 바친다. 그리고 또 저들은 육과 육이 서로 충분한 생식 작용을 교합하고도 윤리를 세우고 싶으면, 나는 그와는 연애가 아니다, 그러니까 내 몸은 아무리 더럽혀졌다 할지라도 내 영은 여전히 정동(貞童)이요, 처녀라는 소리를 한다. 그들의 종교적 신앙의 전부가 현대 과학을 부정한다 할 것 같으면, 혹 신화감(神話感)을 가지고 듣고 싶다. 그러나 우리의 생리적 반응은 도저히 육과 영을 분리하기에는 너무도 명철하다. 그가 육적 교제로 말미암아 어떠한 쾌미(快味)를 얻었다 하면, 그것은 그의 정신[감각, 영(靈)?]이 인식하게 된 것이지 육체가 그 쾌미를 감상하고 정신에는 아무런 반응이 없는 줄로 아나 그것은 그렇지 않다. 육과 정신 전부가 육욕적 작용에 절대로 복종하고 마는 것이다. 그러면 육이 더럽히면 그 정신에도 상처가 생기고 마는 것이다. 연애가 없다고 온전히 정신에 반응이 없는 것은 아니다. 그것은 퇴폐적 남녀의 비열하고 고혹적(蠱惑的)인 구실일 뿐이다.

이에 우리 인생에서 연애를 떼어놓고 생각할 수 없는 것은 사실이다. 그러나 연애를 우상화로 만들고 섬겨서는 안 된다. 연애는 남자와 여자가 결합하는 데서 비로소 그

쾌미를 갖게 되며 가치를 알게 되는 것이다. 그러나 남성이 여성에게 희생된다든지 여성이 남성에게 희생되는 참담한 결과에까지 이르면 안 된다. 개성과 개성은 의연히 사회적으로 진화해 가면서 이 두 개의 이성이 결합해야 한다. 그런고로 연애라는 것은 인생의 필연적 조건은 될지라도 인생을 정복하는 조건이 되어서는 안 된다. 그때 인류는 음탕한 마굴(魔窟)에서 영원히 퇴패(頹敗)하고 말 것이다.

연애는 육욕으로 들어가는 길가에 난 화초와 같다. 연애는 육욕의 결핍된 점을 아름답게 은폐케 하는 비단 막(幕)과 같다.

영국의 모리스(Morris)[1)]라는 학자의 말은 이러하다.

> 연애는 명백히 정욕에 뿌리를 두고 있다. 그것이 자연의 모든 법칙에 따라서 점점 사회적으로 발달한 까닭에 정욕에서 정신화(精神化)하게 되었다. 그런고로

---

1) 윌리엄 모리스(William Morris, 1834～1896) : 영국의 시인, 소설가, 사회주의자. 후에 디자이너로 영국 미술공예운동을 이끌었다. 가난한 집안에서 태어난 제인과 상류층 신사였던 모리스의 사랑 이야기, 친구 화가 로세티와 아내 제인과의 불륜과 결혼으로 세간의 주목을 받았다.

공중에 아름답게 핀 꽃은 지상 위에 있는 더러운 뿌리를 멸시할 수 없을 것이다. (…) 연애는 한 마음과 다른 한 마음 사이에 밀접한 교섭 작용으로부터 전개되는 애정이고 그 마음이라는 것은 각각 사회적 도덕적 제(諸) 감정의 복합체다. 따라서 필연적으로 사회적 단체에 있는 사회적 생물이 가진 가장 정미(精美)한 요소이며 그것을 색칠하는 것이다.

"Love is an affection evolved from the close interaction of one mind with another, each of which being a complex of social and moral sentiments, necessarily imbues it with the finest essence of social beings in a social body."[2)]

연애는 아름다운 것이다. 그러나 사람을 파멸케 하는 것이 아니다. 연애는 양성 간에서 생겨 그 양성의 향상과

2) Love…body : 사랑은 한 마음과 다른 마음의 긴밀한 상호작용에서 진화된 애정이며, 각각의 감정은 사회적, 도덕적 감정의 복합체이므로 필연적으로 사회적 존재의 가장 훌륭한 본질을 그 감정에 불어넣은 것이다.

사회적으로 진화를 완성시키게 하는 미적 노력이다. 사람은 연애를 소유했다. 그러므로 어느 기회든지 이것을 지배한다. 그러나 연애가 사람을 지배하는 것이 아니다. 따라서 연애는 우상도 아니다. 다만 육욕이라는 뿌리를 가진, 인생이라는 나무에 핀 꽃일 뿐이다. 꽃은 곧 떨어지고 만다. 남은 것은 결국 인생과 육욕뿐이다.

박영희(朴英熙, 1901~1950)

"연애는 신성하다 하는 우상."

서울 태생. 배재고등보통학교 재학 중 나도향, 안석주, 김복진, 김기진과 어울렸다. 1년간 일본에서 공부하고 귀국한 1921년에 박종화, 황석우 등과 함께 한국 최초의 시 동인지인 《장미촌》을 발행했고, 1922년에는 《백조》 동인으로 활동하면서 현실도피적이고 감상적인 낭만주의 시를 발표했다. 1923년 김기진과 함께 파스큘라를 결성해 프로문학을 한국에 소개하고, 낭만주의 시 창작보다 소설과 평론 창작에 심혈을 기울였다. 김기진과는 계급문학과 카프의 노선을 놓고 내용과 형식 중 어떤 것을 우선시할 것이냐는 유명한 논쟁을 벌이기도 했다. 임화의 지지 아래 강경한 프로문학 이론을 주장했다. 그러나 1934년 카프를 탈퇴하고 전향을 선언했으며, 이후 창씨개명을 하고 노골적으로 친일 문학 활동에 앞장섰다. 1950년 한국전쟁 때 납북되었다. 김기진과 마찬가지로 1925년 《조선문단》에 연애관 기획 글이 실렸으나, 《조선 문사의 연애관》(1926)에서 김기진과 달리 박영희의 글은 빠졌다. 그것은 1926년 프로문학 반대 진영의 대표적 작가인 염상섭을 비판하는 글을 발표하면서 《조선문단》을 이끌던 염상섭과 충돌했기 때문이 아닌가 추측되나 불확실하다.

그 성의와 열정을 살기 위한 싸움에

송봉우

연애. 이름만 들어도 귀가 솔깃하며 가슴이 부드러워지는 이름입니다. 연애. 연애하는 남녀는 좋아하지만 연애 못하는 남녀는 남모르는 슬픔에 잠겨 까닭 모르게 가슴이 울렁거립니다.

밥 굶는 것이 남에게 잘 알려지는 것과 같이 연애 사실처럼 위대한 전염성을 띤 것이 없을 것이올시다. 남모르게 가만가만히 갔다 왔다 하는 연문(戀文)이 어찌 그리도 손쉽게 다른 사람의 손에 잘 들어가며 으슥한 골목이나 사람 자취 없는 곳에 연인을 기다리는 꼴이 남에게 잘 띄는지, 그리고 너만 알고 나만 아는 그 사실이 어찌 그리도 온 세상 사람의 혀끝에 오르락내리락 하는지 알 수 없습니다. 서로 그리워하다가 서로 만나는 그때의 심경처럼 고동(鼓動)이 급하고 미화되고 정화된 심경은 짐작하건대 다른 곳에서는 찾기 어렵습니다.

어스름한 밤에 하얀 백설이 덮인 동산 어느 골짜기에서 애인과 애인끼리 포옹하고 키스한 그것이 두 사람의 가슴에 영원히 자리를 잡아서 있을 것이외다. 늘 같이 있으면 싫증이 나다가도 멀리 떨어져 있으면 안타까워지고 가슴이 쓰리고 빨리 가는 전차나 기차도 더디고 꾸물꾸물하는 것 같습니다. 만나면 해가 지도록 밤이 새도록 속삭여도 말이 말끝을 물고 나오며 책 열 페이지만 읽어도 골살이 터지는데 머리 하나 안 아프고 시간이 지날수록 청량제를 마신 것같이 시원스럽고 유쾌해집니다. 편지 받을 때마다 보낼 때마다 장장(張張)의 문구에는 "사랑하는 씨"가 쓰여 있고 "나는 당신을 위해 내 몸과 마음을 바치겠습니다"가 쓰여 있습니다. 늘 듣는 말이지만 들을 때마다 기뻐 날뛰며 듣는 것보다 편지로 읽으면 기쁨이 더 새로워집니다.

그이가 나요, 내가 그이가 되었으며 내가 죽으면 그이가 죽고 그이가 죽으면 내가 죽는 그런 사이가 뒤돌아서는 때면 파경의 조각을 쥔 여자는 눈에 눈물이 졸졸 흐르고 입에 거품이 버그그 나옵니다. "나를 잊어주세요" 하는 편지를 받은 남자는 면도에 마찰이 되어 빤질빤질하던 얼굴에 심줄이 불끈불끈 서고 수염이 길어 텁석부리가 되고 얼굴에 때가 조랑조랑 매달리게 됩니다.

두 사람의 상처는 날이 갈수록 새로워지고 쓰라립니다. 다른 애인의 손에 놀지라도 문득 옛 사람의 영자(影子)가 눈앞에 떠오릅니다.

이렇게 사람을 살리는 것도 연애, 죽이는 것도 연애외다. 대관절 연애는 무엇입니까? 연애는 별것이 아닙니다. 성욕을 미화시킨 이름에 지나지 못하는 것입니다. 성욕만 위주한다고 시비하는 친구가 있으면 나는 이렇게 대답하겠습니다. -관념상으로 피차 소유주가 되어 성욕을- 그리고 연애는 고정적이 아니라 유동적입니다. 너하고 나하고 영원히, 영원히 사랑하자고 할 것이 아니라 '사랑하는 때까지'라는 조건이 붙어야 할 것인데, 사실은 당연한 것이지만 어떤지 알다가도 모를 일은 조건만 붙이면 입이 실쭉해지고 한쪽이 서운해집니다. 그렇다고 영원히, 영원히 하면 그것은 속이는 수작입니다. 그렇잖습니까? 장미꽃이 좋지만 시들어지고 말라 죽으면 다른 것을 가려서 병에 꽂아야 하며 백합화만 늘 보면 싫증이 납니다. 그때는 진달래꽃을 좋아합니다. 그렇다고 백합화가 영 싫다는 것이 아닙니다. 백합화도 좋지'마는' 진달래도 좋다 하는 것입니다. 그러면 연애는 절대로 유동이며 동시 연애도 할 수 있다는 결론을 얻게 됩니다. 연애는 성욕이며 성욕은 살겠다는 충동 가운데 하나이기 때문에 억제하려 해서는 안 되는 것이며 자연히 성은 절대로 해방이라야 한다는 당연한 결론이 됩니다.

이 결론이 탕녀탕남(蕩女蕩男)의 부랑한 심리에 조금이라도 적합해 어깨춤이 나온다든지 무릎을 쳐서는 큰일입니다. 그리고 체하는 신사(紳士) 벌(閥)들은 못된 놈이라고 욕은 할 것이외다마는 속마음으로는 그렇다고 하리다.

*

지금 사회와 같이 착취 계급이 있고 피착취 계급이 있으며 압박 계급이 있고 피압박 계급이 있어 계급과 계급 사이에 싸움이 일고 반목이 험한 세상에는 참연애가 없습니다. 사람과 사람을 맞붙이는 것, 사람과 사람의 관계는 돈으로 됩니다. 그리고 모든 것이 상품으로 되었습니다. 속 타는 일이지만 연애도 상품으로 되었습니다. 놈이 년을 사랑하는 것이 아니라 돈 힘으로 년의 성(性)을 짓밟는 것이요, 년이 놈을 사랑하는 것이 아니라 놈에게 성을 전매(專賣)하고 놈에게 일생의 생활 보장을 얻는 것이올시다. 시장에 정가표를 붙여 고객을 유인하면 육(肉)의 시장이요, 오직 다만 그놈에게만 전매하면 가정이올시다. 놈이나 년의 무지한 무리들은 이렇다 저렇다 할 것이 없거니와 그래도 넥타이를 맬 줄 알며 그래도 머리털을 지질 줄 아는 무리들의 놈과 년 사이의 연애를 보아라.

구역(嘔逆)만 났으면 그래도 참겠는데 눈꼴이 시여서 앞을 못 볼 지경이 아닙니까? 열두 중량 무게의 지화(紙貨) 뭉텅이가 있어야 여자가 끌리고 '애규(哀叫)' 소리를 듣지, 공낭(空囊)에다가 배가 등가죽에 붙는 사람은 연애커녕 여자 곁에도 못 섭니다. 이리 된 연애는 이 사회에서만 볼 수 있는 것이요, 미래 사회는 약에 쓸래야 없을 것입니다. 그렇잖습니까? 먼저 돈을 주고 다음에 육(肉)을 주며 먼저 겉웃음을 주고 다음 아까워하는 육(肉)을 주는 그런 괴사(怪事)가 어디 있겠습니까? 연애가 사회 조직 여하를 불구하고 그리 가치가 있는 것이 아닙니다.

왕왕 이 현 사회 조직이 어떠하다는 것을 알지 못하고 거래(去來)에 여자 궁둥이를 따라다니며 연문(戀文) 쓰기에 밥 먹기까지 등한히 하는 친구들을 볼 때에 딱한 생각이 듭니다. 그 성의와 정열을 '살기 위한 싸움'에 열중했으면 얼마나 좋겠습니까? 민가(閔哥)의 눈두덩과 이가(李哥)의 예금통장이 있는 사회가 존계(存繼)하는 때까지는 소용없는 헛수고입니다. 이 사회에서 순진한 애(愛)의 전당에서 너털대다가는 하늘에서 별을 따다가 종로 네거리에 갖다 놓은 뒤에 하시지요. 그리고 사람에게는 빵과 성(性), 이 두 가지가 큰 문제가 아닙니까? 문제는 두 가지 문제이지만 성(性) 문제는 종속적이올시다. 먹는 문제가 완전한 해결이 없으면 성 문제도 해결이 안 됩니다. 배가 고파 애인의 손을 잡자니 기운이 있어야지요. 이야기를 하자니 허기가 급하고 등골에 땀이 나서 어찌합니까? 먼저 만인이 똑같이 잘살 사회를 만들기 위해 힘을 모읍시다. 미래 사회에만 순진한 연애가 있습니다. 연애를 좋아하는 이든지 빵에 주린 이든지 모두 미래 사회를 내다보고 힘을 내십시오.

송봉우(宋奉瑀, 1900~?)

"연애도 상품으로 되었습니다."

송덕만(宋德滿)으로 불렸다. 어린 시절 경남 진주에서 한학 교육을 받고, 경성 중앙고등보통학교를 다니다 중퇴했다. 일본으로 건너가 도쿄 세이소쿠영어학교(正則英語學校)를 거쳐 1922년 니혼대학(日本大學)에서 법률학, 경제학 등을 배웠다. 귀국 후 식민지 조선의 사회주의 운동에 주축으로 참여했다. 흑도회, 북성회, 조선공산당 등의 조직에 참여했다. 제1차 조선공산당 검거 사건으로 옥고를 치렀고, 군관학교 학생 파견 사건에도 연루되어 고초를 겪었다. 1940년까지 잡지 《비판》 발행을 주도했다. 사회주의 운동가이자 언론인, 독립운동가로 평가된다. 광복 후 불교에 귀의한 것으로 알려져 있고, 그 이후 행적은 미상이다.

연애의 의의

최상현

1.

연애 문제에 대해 붓을 들고 앉으니 크레이 씨[3]의 시구 한 절이 생각난다.

일광(日光)이 비치지 못하는 대양 밑에도
맑은 진주가 숨어 있다.
산곡 깊은 곳에 아름답게 핀 난초꽃
사람에게 알리라는 듯,
사방에 향기를 방사(放射)하더라.

---

3) 크레이 씨 : 미상.

이 시구는 사람의 내심(內心)에 잠재한 연애성의 미묘함을 표현한 노래다. 인생은 조화의 정수요, 진선미(眞善美)의 결정체니 그 심중에 동정도 있고 애휼(愛恤)도 있고 순결도 있고 희망도 있을 것은 물론이다. 인생에게 이러한 미덕이 있는지라. 그것을 타인에게 알리려 하는 심정과 타인에게서 감수(感受)하는 심정을 일반적 연애성으로 볼 수 있다.

2.

연애는 인간 사회에서 발생되는 여러 가지 문제 중에 가장 큰 문제요, 따라서 인간 생활에 가장 긴절(緊切)한 관계를 맺고 있는 문제다. 고금의 문학자가 시구, 소설, 희곡으로 필생의 노력을 다해 연애에 관한 사실을 묘사했고 장래에도 더욱 많이 묘출(描出)될 것을 기필(期必)한다. 다시 말하면 세계 문학의 대부분이 필시 연애에 관계한다. 인류의 감상을 표현함으로 성립되었다고 할 수 있다.

세계 문학에 과연 얼마나 고하청탁(高下淸濁)의 구분이 있음을 볼 것이면 연애에 관한 사람의 감상도 어떻게 고하청탁의 구분이 있음을 알 것이다. 다만 생리상으로 남성이 되어 여성을 사모하고 여성이 되어 남성을 흠모한다든지, 또는 여성미의 묘한 자태에 유혹되고 남성의 준수한 풍채에 생각을 태우게 된다든지 함은 설령 이것을 인간의 자연성이라 하더라도 이러한 심정을 곧 연애라고는 할 수 없을 것이다.

그러면 연애는 무엇이냐? 나는 여기에 철학적이나 심리적 설명을 피하고 간단하고도 평이한 정의를 내어 '연애는 미를 애모(愛慕)하는 인간 본능의 발작으로 헌신적 애(愛)를 이성에게 경주(傾注)하는 심리적 작용'이라 한다.

3.

그러면 인생이 미(美)를 애모하는 본능은 언제부터 발작되며 어떠한 동기로 헌신적 애(愛)를 이성에게 경주하게 되는가? 나는 이제 연애를 맺게 되는 동기를 세 종으로 나눠 설명하려 한다. 진정한 연애는 이성 상호의 이해와 인식에서 발정(發程)하나니, 연애가 없는 결혼이 죄악 됨과 같이 이해가 없는 연애는 맹목적 애라고 할 것이다.

제1의 동기. 재산과 지위의 인식, 혹은 용모와 풍채의 인식으로 생기는 연애라. 이러한 외적 조건, 즉 물질상 요구를 만족케 함으로써 성립된 연애는 남녀 상호의 진정한 이해가 있다 하기 어려우니 비교적 열등의 연애라고 할 것이다.

제2의 동기. 재능과 수완(手腕)의 인식으로 생기는 연애라. 상대자가 어학에 천재가 있다든지 음악에 재질이 있다든지 사무에 수완이 능하다든지 하는 일에 동감되어 상호 사모하다가 연애가 성립되는 일이 있는데, 이는 직각적(直覺的)이 아니요, 얼마큼 정신적 이해가 없지 아니하니 비교적 고등의 연애라고 할 것이다.

제3의 동기. 인격적 인식으로 성립되는 연애라. 이러한 연애야말로 인간과 인간의 접촉이요, 한 인격자가 다른 인격자와 진정한 이해로 악수하게 되는 것이니 이러한 연애를 지상(至上)의 연애라고 하는 것이다. 영국 시인 브라우닝 씨도 이러한 연애의 존엄성을 묘사해 '러브 이즈 베스트(Love is best)'라고 한다.

4.

나는 이상에서 연애의 동기와 근본적 의의를 말했다. 이에 한 가지 고찰하지 않을 수 없는 것은 연애의 활용, 혹은 선택 방법이라 할 수 있다. 연애라 하면 결코 다 '베스트'라고 할 수 없다. 연애를 잘 활용하는 곳에 비로소 베스트의 의미가 붙는 것이요, 동일한 남녀의 연애라 할지라도 연애의 노예가 되어 사업에 권태(倦怠)한다든지 방랑에 유(流)하게 되면 이는 연애의 악용이요 남용이니, 연애는 인생으로 고결지성(高潔至聖)의 도념(道念)을 발휘케도

하고 야비한 짝의 사정(邪情)[4]을 격발케 하기도 한다. 세상의 많은 범속한 무리가 연애를 남용해 사정(邪情)에 침혹(沈惑)되는 소이(所以)로 세상의 오해를 야기하니 연애야말로 진흙탕 속에에 매몰해 그 본체의 영광(靈光)을 발사하지 못하는 셈이다.

5.

나는 연애에 대해 일찍이 경험한 적도 없거니와 별로 생각해 본 적도 없고, 따라서 감상이라든지 훈계 될 만한 것을 쓸 재료도 없다. 다만 이 문제는 금일 우리 사회, 특히 청년 남녀 간에 중대한 사회상 문제로 알고 어떻게 해서든지 원만히 해결코자 하는 미의(微意)[5]는 없지 않았다. 마지막으로 한 가지 기대하는 바는 우리 사회에서도 무슨 형식으로든지 미혼 청년 남녀에게 안전하고도 정당히 접촉할 기회를 만들어 주어 이성 간에 정당한 이해와 인식으로 교제되도록 했으면 좋겠다고 함이다.

무엇이든지 써 보내라 부탁을 받고 그저 무심히 있을

---

4) 사정(邪情) : '사욕편정(邪慾偏情)'의 준말. 바르지 못한 욕망, 음욕, 정욕, 방종 등을 일컫는다.

5) 미의(微意) : 변변치 않은 작은 성의.

처지도 못 되니 생각나는 대로 기억되는 대로 바쁜 시간을 비집어 기록한 것이 이 꼴이다.

최상현(崔相鉉, 1891~?)

"열등의 연애, 고등의 연애."

호는 청송(靑松). 평남 용강 태생으로 평양 숭실중학교를 졸업하고, 1919년 연희전문학교 문과를 제1회로 졸업했다. 독립선언서를 영어로 번역하는 일에 관여했다는 죄목으로 일본 경찰에 체포되었다. 감리교협성신학교에서 펴내는 《신학세계》의 편집을 맡으면서 신앙 및 역사 교양에 관한 논문을 쓰고, 세계 위인들의 생애와 사상에 관한 글 10여 편을 발표하기도 했다. 1920년대에 전영택, 임영빈, 방인근, 이은상 등과 함께 기독교문학 운동을 주도했는데, 이들이 연애관에 관해 쓴 글이 《조선 문사의 연애관》에 모두 실려 있다. 궁정교회, 체부동교회 등에서 목회를 했다. 해방 후에는 미 군정청 아놀드 장관의 고문직을 맡기도 했다. 1950년 8월 납북된 후 생사를 모른다.

연애에 대한 나의 기대

김지환

춘해(春海)[6] 형! 날더러 연애 문제에 관한 무엇을 쓰라 하셨지요. 참으로 형은 나에게 잘못 원한 것 같습니다. 형도 아시듯이 나는 연애 문제에 문외한입니다. 나는 형의 편지를 받은 뒤에 한참동안 주저했습니다. 내 마음에는 곧 못 쓰겠다는 말을 드리고 말려 했으나 형이 모처럼 조그마한 글을 쓰라 하시는 것을 거절하기가 우정에 박절한 듯해 지금 두어 자를 적어서 형의 말 때임[7]이나 하려 합니다.

---

6) 춘해(春海) : 소설가 방인근의 호. 《조선문단》 창립자이자 《조선문단》 1925년 7월호 특별호 주제인 〈제가(諸家)의 연애관〉을 기획하고 주도했다. 1926년 《조선 문사의 연애관》(설화서관)의 책임 편집을 맡기도 했다.

7) 때임 : 땜질.

*

세인(世人)은 '연애' 하면 곧 죄악시하고 만다. 그러나 연애 문제를 그렇게 얼른 밥 먹듯이 경시하고 말 일인가? 우리 사회도 현재 일부 자각(自覺)한 청년 남녀가 생(生)하여 사방에서 이 문제로써 고통을 당하며 희생을 당하고 있는 금일에 우리라 아무 연구 없이, 한 번도 그 문제를 신중하게 생각해 본 일도 없이 다만 일부 결점만 보고 그렇게 가볍게 판단해 버림은 너무나 청년 남녀의 심리를 무시함이 아닌가 한다. 오늘날 청년 남녀 간에 연애 문제로써 발생하는 폐단을 나도 인정한다. 그러나 우리는 무슨 문제든지 그 폐단을 보고 그 문제를 곧 매몰시키려는 소극적 수단을 취하는 것보다 그 일어나는 폐단의 원인을 잘 연구해 그 문제를 근본적으로 해결하여 적극적 수단을 취함이 온당하다 한다. 그 폐단의 원인은 과거 혼인 제도의 악습에서 생하는 것이 태반이다. 당사자 간에 아무 이해 없는 결혼, 즉 당사자들은 원하지 아니하지만 부모의 의사대로 작정되는 혼인, 다시 말하면 당사자의 마음대로 주관적으로 선택함이 아니요, 어떤 무엇을 위해 객관적으로 되는 강제 결혼으로 말미암아 현재 우리 사회는 난륜(亂倫) 시대와 같이 우리에게 영사(映寫)되었다. 그리하여 결혼에서 없어서는 안 될 요소인 연애 문제까지 죄악시하게 되지 아니했는가 생각된다. 이제로부터 우리의 결혼의 제일 목적은 어떤 무슨 제도를 위하거나 어떤 개인 몇 사람을 위하는 결혼이 되지 말고 당사자 그 자신을 위하는 것이 되어야 할 것이다. 연애를 너무 중시함으로써 생겨나는 폐단만 보고 그것이 두려워서 혼인에 대한 요소인 연애까지를 무시함은 사람의 성품의 본질을 손상함이 아닌가 생각된다. 연애는 사람의 성품 중에 가장 절실한 요구의 하나이므로 연애를 무시하면 인성의 완전한 발달을 희망하기 어려울 줄로 믿는다.

그러나 나는 연애지상주의는 시인할 수 없다. 연애가 이상에서 말한 바와 같이 결혼에 없지 못할 요소임과 또 그로써 합한 사람들이 연애 없이는 그 생활을 계속하기 어려운 것은 사실이나 그것이 곧 인간애의 유일한 원천이라든가 연애하지 않은 사람은 사랑을 알지 못한다든가 하는 말을 나는 시인할 수 없다. 연애는 인간애와는 정반대다. 연애에 열중한 사람은 인류를 사랑하는 것을 잊어버린다. 사랑하는 사람 이외의 사람은 가치 없는 자로 인정한다. 다시 말하면 한 사람을 택한 후에는 다른 사람은 다 배척한다. 그러므로 나는 연애지상주의를 시인할 수 없다. 성욕 본유(本有)인 이 연애 이외에 다른 정신적 요소가 있어야 혼인 생활을 영속할 수 있을 것이다. 그래서 나는 이 정신적 요소를 말함으로써 여러분에게 참고 건(件)이 되면 이 글 쓰는 목적을 달성할 줄로 믿는다.

정신적 요소. 이것을 어떻게 말해야 할는지 자세히 알 수 없다. 예를 들어 말하면 연애 이외에 두 사람 사이에 하나님에게 대한 사랑이라든가, 나라에 대한 사랑이라든가, 인류에 대한 사랑이라든가, 정의에 대한 사랑이라든가 하는 것으로써 서로 결합하는 것이 있어야 필요할 줄로 믿는다. 이러한 정신적 요소가 조화되지 아니한 사랑에는 경건미(敬虔美)가 적다. 경건미가 적은 사랑은 제아무리 집중한 사랑일지라도 깨어지기가 쉽다. 따라서 지금까지 죽자 살자 하던 그 사람들은 서로 갈라질 수밖에 없는 일이다. 나는 오늘날 연애하는 거기에 경건을 더한 연애가 있기를 바란다. 경건에 기초를 세우지 아니한 사랑은 참사랑이 아니다. 이 경건으로 터를 닦은 사랑이야 참으로 귀한 것이다. 오늘날 우리 사회의 연애는 엄숙한 맛이 없고 단순히 방일(放佚)한 것을 위하는 연애인 듯한 느낌이 있다. 오직 행복만 표준 하는 사랑은 항상 비열에 가까워지기 쉽다. 우리가 사랑하는 그사이에 무슨 다른 것이 있어서 활동해야 비로소 참사랑이 생긴다고 믿는다. 현금 연애만으로 행복을 구하는 사람들은 과거의 우리 살던 것을 비웃는 사람들이 많다. 그리고 자기네만 우내(宇內)[8]의 행복을 독점한 것처럼 말하되, 그것은 결코 그렇지 않다. 행복으로 말하면 어떤 의미로 봐서 과거에 우리 살던 그곳에 행복이 더 많았다 할 수 있다. 그러면 어찌해서 그런가를 생각해 보자. 과거의 우리 가정에는 연애 외에 다른 정신이 조화되어 있었던 것을 곧 발견할 수 있다. 즉, 말하면 조상을 위하는 생각과 나라와 정의를 위하는 정신이 연애하는 그 가정에 더했었다. 그러므로 과거의 우리 가정에는 엄숙한 맛이 있었다. 따라서 행복도 많았다. 그러나 오늘날 우리 가정에는 행복을 구하면서도 자기 혼자 행복을 독점한 것처럼 말하면서도 그 실(實)은 공(空)인 것이 많다. 그러므로 내가 이 글을 쓰면서 여러분께 간절히 원하는 바는 연애+경건+엄숙하기입니다.

---

8) 우내(宇內) : 천하. 온 세상.

김지환(金智煥, 1892~1972)

"항상 비열에 가까워지기 쉽다."

평안도 정주 오산학교(五山學校)를 졸업하고 일본 간사이대학(關西大學) 신학부에서 공부했다. 귀국 후 개성 북부교회 전도사로 활동했다. 3·1운동 당시 〈독립의견서〉, 〈독립청원서〉 등을 상하이의 현순에게 전달하는 임무를 맡았다. 도중에 일본 헌병에게 체포되어 서대문형무소에서 3년간 복역했다. 문필 활동은 알려진 것이 별반 없다.

연애에 대한 나의 소감

변성옥

제일로 나는 결혼하고 가정을 이룬 지 15년임을 독자에게 고한다. 그다지 오랜 세월이라고는 못하나 또한 그다지 단촉한 세월이라고도 하지 않을 15년 성상(星霜)에 달거나 쓴 경험이 다소간 있었으렷다. 그러나 나는 변변치 않은 결혼 생활의 경험을 횡설수설하는 것은 독자 제씨(諸氏)의 귀중한 시간만 공비(空費)할까 싶어 그만 빼놓겠다. 그러나 결혼 생활의 경험으로 얻은 것 중에 몇 가지 나의 각오(覺悟), 즉 반석(盤石) 위에 확립해 임우(霖雨)[9] · 홍수 · 광풍이 습래(襲來)해도 소호(小毫)라도 동요되지 않을 자각을 가져 과도기에 처해 방황하는 청년 남녀에게

9) 임우(霖雨) : 장마.

선언코자 한다. 이것이 즉 내가 붓을 잡고 용기를 내게 한 동기라.

연애가 무엇 무엇이라고 정의도 가지각색인가 보다. 나는 별로 학술적 정의를 모른다. 내가 결혼해서 좋든지 안 좋든지 부부(夫婦)라는 이름을 얻을 때에는 연애라는 이름도 몰랐다. 연애라는 말의 의미를 지금 배웠다면 이것은 바로 떡부터 먼저 먹고 떡 이름은 나중에 알게 된 셈이다.

그러나 나는 이것을 행복으로 여긴다. 왜? 최근 청년 중학 수(數)는 떡 이름은 잘 알되 쉰 떡을 먹고 중병에 걸린 격이나 전일 청년들은 이름은 모르고도 신선한 떡을 먹은 격이다. 나의 사량(思量)에는 연애는 이성 간 본능적 사랑인가 보다. 본능적 사랑인 고로 규범 내에서 결합한 연애는 진실로 신성하다. 그러나 모든 본능적 행위가 자연과 도덕적 규범을 이탈해 방일(放逸)하면 비행이 되고 사회, 가정, 자신의 해독이 됨과 같이 연애도 이와 같은 규범 내에서 시행된 후에야 비로소 신성하다고 나는 단언한다. 나는 연애결혼의 각종의 제도와 방식에 대해 말하지 않는다. 어떤 제도나 방식을 취하든지 나는 이하의 규범 내에서만 하면 그만이라고 생각한다. 왜 그러냐 하면 모든 일에 진리는 형식에 있지 않고 정신에 있는 것이다.

〈연애규범〉

1. 일부일처(一夫一妻)를 철저히 지킬 것

2. 죽고 삶을 같이하자는 맹약의 정신이 있은 후에라야 남녀가 결혼할 것

3. 부부 중 한 명의 사망만 이혼 조건이라고 상호 확신한 후에야 부부가 될 것

4. 상호 인권을 존중하는 동시에 부부 일신(一身)인 것을 확인할 것

진실로 연애는 신성하다. 이상의 정신 하에서 남녀 2인의 애적(愛的) 결합은 막대한 행복이다. 그러나 규범을 탈(脫)하여 방일한 소위 연애는 인생에게 저주다. 인생의 불행과 죄악과 고통이 이보다 과할 것이 없다. 소위 1주간 연애가 있다. 남녀 청년이 상견한 지 1주도 되지 않아 그 얼굴의 화(花)를 탐하고 구설(口舌)의 감미(甘味)에 취해 심사원려(深思遠慮) 없이 소위 연애결혼이 된다마는 그 꽃은 10일을 붉지 못하고 그 맛은 1주를 지나지 못해 금계랍(金鷄納)[10]으로 변해 버린다. 부모가 준 신성한 몸과 정신은 경동한 연애 행위로 인해 파멸되었다. 불행이다. 아니 저주다.

애(愛)는 모든 것을 덮어 가려 준다. 진정한 연애의 결합이 되었느냐? 물론 그러하고 그렇게 되도록 만들어야 하겠다. 진정한 연애에는 장면도 없고 광안(廣顔)도 없고 후순(厚脣)도 없고 곰보딱지도 보이지 않는다. 다만 사랑만 보인다. 진정한 애(愛)에는 무자(無子)도 관계하지 않는다. 병신이냐? 병신일수록 더욱 가련하고 사랑한다. 남녀 이성의 결합은 이와 같은 후에야 참결합이다. 천당이 거기요, 낙원이 거기다. 거기는 세인이 속칭하는 부귀는 없어도 사시장춘(四時長春)이다. 무궁화가 만개했고 애화(愛花)의 향기는 진실로 내외에 충일했다. 실상은 세상의 부와 귀를 다 점령하고 있다.

아-귀(貴)엽다. 진정한 연애여-너보다 더 큰 행복은 넓고 높은 우주 안에서 다시 찾을 수 없겠다.

---

10) 금계랍(金鷄納) : 기나나무 껍질에서 얻는 알칼로이드, 키니네(kinine)의 한자 음차. 말라리아 치료약으로, 해열제, 건위제, 강장제 따위로도 쓴다. 우리나라 최초의 병원인 제중원에서 제공되는 약품 중 가장 인기 있었던 치료약으로, 흔히 만병통치약으로 여겨졌다. 시든 꽃의 색깔이 금계랍의 그것과 비슷하게 보인다.

변성옥(邊成玉, 1892~1950)

"병신일수록 더욱 가련하고 더욱 사랑한다."

1913년 평양 숭실전문학교를 졸업하고 전도사로 활동하다가 1923년 목사 안수를 받았다. 미국 시카고대학에서 기독교교육을 전공하고 1929년 귀국해 송도고등보통학교 · 연희전문학교 · 협성신학교에서 강의했다. 1930년 남북감리교회가 하나의 조선감리교회를 창립할 때 총회의 통역위원으로 활동했다. 그 뒤에 만주 하얼빈교회의 목사로 파견되어 선교 사업에 힘썼다. 1935년 북만주 지방 감리교회를 탈퇴하고 만주에서 교파를 초월한 조선기독교회를 처음 창설했다. 외국 선교사의 선교비에 의존하지 않고 자립적인 행정을 하기 위해 길림신학교(吉林神學校)를 세우고 교장으로 취임해 집단농장을 운영하며 자립적인 선교 활동을 전개했다. 민족독립운동에 연결되어, 만주 거주 독립운동가들과 긴밀한 관계를 맺고 민족독립운동을 전개하다 붙잡혀 2년간 옥고를 치렀다. 해방 후 월남해 1948년 대한기독교청년회연맹(YMCA) 총무로 활동했다. 분열되었던 감리교회를 통합해 1949년 기독교대한감리회로 만드는데 큰 역할을 했다. 문인보다 감리교 목사로서 큰 족적을 남겼다.

연애의 삼각관(三角觀)

김필수

반노(半老)의 휴물(休物)에 대해 이 같은 시대적 중요 문제의 편안(編案)을 요청하심은 사실 부담이로되 평소 사고해 보던 것들이라. 천박한 식견임에도 불구하고 무호(蕪毫)를 졸염(拙染)하여 고안(高眼)에 일진(一塵)을 더하나이다.

본제(本題)의 일면을 촬영하는 렌즈를 여는 데에서 전면(全面)의 진영(眞影)을 촬득(撮得)할까 해 일면에 그친 기술(記述)일망정 화사(畵師)의 미각성(未覺醒), 필변사(筆辯士)의 눌언(訥言)과 같게 하자 한즉, 녹음 깊은 곳의 꾀꼬리 울고 가듯 하니 다만 그 새소리만 들었을 뿐 새는 보지 못한 꼴이 되지 않을까 하나이다.

일례를 먼저 들어 그 사실을 다음에 보여 주자 하니 과거 20여 년 전 일이나 외지에서 느낀 것 중 한 가지를 기술하고자 합니다. 그때는 예수 성탄절 3일 전 경입니다. 여행지 부근 극장 동쪽의 3층 누상(樓上)에서 서화전람회(書畫展覽會)를 열었는지라. 밝은 밤 달빛 아래 걷던 여행객으로 석반(夕飯)을 해결한 후에 단신으로 무료하게 문을 나서 해당 누각 앞에 이르니 군중의 답지(遝至)[11]로 마견장(磨肩場)[12]에서 관람권을 사 가지고 입구에서 2층으로 걸어 올라가니 첫 번째로 도착해 발견한 것은 나체 그림 세 점인데, 한 점은 남자가 수영복을 입고 수영장에 임하는 거동이요, 한 점은 백발 노파가 잠옷을 몸에 반쯤 걸치고 침대에서 일어나는 형상이고, 한 점은 청춘 미인이 고독한 일신(一身)으로 깊은 계곡 큰 폭포 아래에서 목욕을 하는데 머리카락은 산산이 늘어뜨렸으며 오른손에는 수건을 들고 오른쪽 옆구리에 걸쳤으며, 왼손은 머리 위에 얹어 두고 고개는 오른쪽으로 약간 기울이고 구부린 채 측면으로 서서 폭포의 부서지는 물방울을 오른쪽 어깨 일부와 가슴 반쪽으로 받으며 씻고 있는 미인의 나체화인데,

11) 답지(遝至) : 군중이 몰려들어 어느 곳에 이르다.

12) 마견장(磨肩場) : 어깨가 닿아 부딪힐 정도로 인파로 가득한 장소.

두 점은 동양화요, 한 점은 서양화, 곧 프랑스인의 작품이라 합니다. 그런데 나체화 세 점의 인물을 각각 구별하자면 하나는 남자요, 다른 하나는 노파요, 또 다른 하나는 미인이며, 장소로는 야외와 실내로 구분해 출품한 진열품이었으나, 관객의 일반은 미인 나체 목욕도에 시선을 집중하고 갑창을화(甲唱乙和)[13]의 평설(評說)도 다소 있을 뿐 아니라 앞으로 나아가는 걸 망각하고 여기서 방황하는 혼잡한 상태에 빠졌던 것이외다.

관객 중의 한 명인 기자가 해당 그림에 대해 취향이 어떠한가 하는 것보다 기분이 언짢아져서 즉시 퇴장했더니 그 후 친구가 전해 준 말에 의하면 다시 해당 전시장에 들어와 3층으로 곧장 올라가 거기 있는 그림을 모두 관람했다 합니다. 과연 거기엔 친구가 전해 준 말과 어긋나지 않은 그림이 두 점 걸려 있었으니, 하나는 〈농가 부부〉라는 제목 아래 전시된 것인데 부부가 봄에 밭에 씨를 뿌리는 장면을 그린 것이라. 남편은 호미를 짊어 매고 소를 끌어당겨 쟁기질을 하고 있고, 농부 아내는 광주리를 옆구리에 끼고 있는데, 그 옆에는 개가 따르고 있더라. 다른 그림 한

---

13) 갑창을화(甲唱乙和) : 한 사람이 노래하면 다른 사람이 화답한다. 말을 주거니 받거니 하다.

점은 예수가 십자가 위에서 창에 찔려 죽어 가는 광경이니, 앞 그림은 동양인의 작품이요, 그 뒤 그림은 서양인이 그린 그림이라 합니다.

그렇다면 다섯 점의 그림이 우리에게 어떤 의미를 보여 주는 것일까? 시사(試思)컨대 인생 생활도를 다섯 폭에 나눠 그려 하나의 조합으로 만들어 보인 것이 아닌가? 라는 감상을 하게 된 것이라. 20여 년이 지난 오늘이라도 당시 광경이 마음 문에 황홀한지라. 이것을 한 재료로 삼아 연애관에 대해 한 가지 비유의 글을 지어 본 것입니다.

그렇다면 그림 다섯 점의 의미를 분석해 봅시다. 첫 번째 그림은 수영 남자요, 두 번째는 잠에서 일어난 노파요, 세 번째는 목욕 미인이니, 1남 1녀 그리고 중간의 한 노파는 매파(媒婆)라고 간주하고 싶고, 다른 층에 있던 농가 부부를 그린 첫 번째 그림은 동고동락하는 가정이고, 마지막의 십자가 그림, 곧 최후는 희생이라고 해석할 수 있습니다. 동시에 관객들에 의해 가장 밀접히 연상되는 것은 제1부 세 점 그림 중에 나체 미인 목욕도를 중심으로 하고 단지 그 아름다움에 취해 전진할 생각을 잊어버림으로써 제2부의 두 점의 그림을 발견하지 못한 이들, 정신을 거기에 빼앗겨 다시 되돌아가 제2부의 아름다운 그림을 보지 못한 이들, 이 두 부류와 동일한 부류가 오늘날 연애 관광

단이 아닐는지요?

혹자가 묻기를 인생 생활 전부 중에 최상으로 긴요한 취미가 있는 부분이 무엇이냐고 하면 연애를 제외하고서는 미락(美樂)을 만족할 수 없다며 답안을 제출치 않을 이가 없을 줄로 감히 말하노라. 이것은 지나친 말이 아니요, 이치에 맞는 주장이라고 단언하노니 독자 제군이여 책망하지 말기를. 인생에 있어 의식(衣食)처럼 귀중한 것이 없지만, 그 반대로 의식처럼 위험한 것도 없다 할 것이라. 이와 마찬가지로 연애처럼 신성한 것이 없으므로, 그 반대로 추악(醜惡)이 잠재할 수 있습니다. 환언(換言)하면 신성한 것도 연애요, 추악한 것도 역시 연애라. 무슨 까닭으로 신성, 또는 추악이라 하는가?

연애라는 사물의 사실은 신성이지만 해석을 추악으로 확장함으로써 선악이 서로 뒤섞이고 참과 거짓을 판별하기 어렵도다. 세상에서 소위 연애라 하면 나체 미인도를 관람하는 것에 마음을 두는 것과 비슷하다고 평가해 버리게 되었으니, 이는 연애의 의의에 대해 미(美)와 고락(苦樂)과 희생(犧牲)이라는 세 가지 참의미가 함께 존재하니, 연애를 실행하려면 이 세 가지 의미를 실행하지 않으면 연애를 반대하는 자에 불과하다 하리로다.

연애에 대해서는 노소가 따로 없으니 두세 가지 예를

들어 다음에 열거하노라.

어찌하면 월하노인 시켜 저승에 호소해
다음 세상에 서로가 바꿔 태어나게 할까.
천리 밖에 나 죽고 그대 살아
나의 이 슬픈 마음 그대 알게 하리.
那呼月姥訟冥司 來世夫妻易地爲
我死君生千里外 使君知我此心悲

위의 애시(哀詩)는 추사 김정희가 제주에 유배되었다가 아내가 죽었다는 비보를 듣고 만사(輓詞)를 지은 것인데, 선생의 나이 근 50~63세 되었을 때다.

18년 세월 고생(辛苦)만 실컷 하다
어찌 차마 나 혼자 두고 저 먼 하늘로 돌아갔단 말인가.
생사(生死)가 본디 모두 꿈일진대
어찌 밤에 잠들지 않기를 바랄거나.
捨吾寧忍遂歸天 喫苦嘗辛十八年
生死元來都是夢 欲望其奈夜無眠

위는 월남 이상재 선생이 80세에 부인상을 당한 후 이와 같은 애사(哀詞)를 읊었다.

부부간의 사랑 중하기만 한데
만난 지 두 해도 못 되어
이제 만 리나 떨어져 살게 되다니
백년해로 맺은 약속 헛것이 되었구려.
길은 멀어 편지조차 부치기 어렵고
하늘은 넓어 꿈길조차 아득하기만 하오.
내 운명 점을 쳐도 알 수 없으니
부디 뱃속의 아이나 잘 돌봐 주구려.
琴瑟恩情重　相逢未二期
今成萬里別　應負百年期
地濶書難寄　天長夢亦稀
吾生未可卜　須護腹中兒[14)]

---

14) 부부간의… 돌봐 주구려 : 척화(斥和)를 주장하다 후금에 볼모로 잡혀간 오달제(吳達濟, 1609~1637)가 지은 〈심양 옥중에서 아내 남씨에게 보내다(瀋獄寄內南氏)〉라는 한시. 다시 고국에 돌아갈 수 없다는 마음에서 오달제가 결혼한 지 2년도 채 되지 않은 아내 남씨 부인을 그리워하며 지은 오언율시다. 신혼부부인 두 사람이 이별해 살아야 하는 처지, 아내를 그리는 안타까운 마음, 알 수 없는 운명에 대한 무거운 심

위는 병자호란 당시 삼학사(三學士) 중 한 명인 오달제(吳達濟)가 당년 28세 때에 오랑캐 땅에 포로가 되어 가면서 그 집안사람에게 영결시(永訣詩)로 부친 것이었다.

위 세 가지 시를 읽어 보건대, 그 이면에 무엇이 잠재했는가 사고할 것이면 두 번 말할 필요 없이 진정한 연애가 발현되는도다.

야유방원(冶遊芳園)에서 화로(花露)에 침습(浸濕)한 낭봉(郎蜂),[15] 향풍(香風)에 표박(飄迫)한 아접(蛾蝶).[16] 이런 이들의 연애관은 앞서 나체 미인도에서 발걸음을 멈추고 옛날의 긴 곡조에 사농비명(似聾非瞑)[17]으로 미추(美醜)를 동일시하니 반대로 나아가지 못하는 것이라. 청컨대 정이부진자(正而不進者)와 반이부진자(反而不進者)

회, 자식과 아내에 대한 부탁의 마음이 고스란히 담겨 있다.
이상의 시들은 한시 원문만 적혀 있어 옮긴이가 직접 번역했다.

15) 야유방원(冶遊芳園)에서… 낭봉(郎蜂) : 꽃이 흐드러지게 핀 정원에서 꽃에 맺힌 이슬에 젖은 꿀벌.

16) 향풍(香風)에… 아접(蛾蝶) : 꽃향기 따라 어지러이 나는 나비.

17) 사농비명(似聾非瞑) : 귀 먹은 듯하나 눈이 멀지는 않았다.

와 함께 일어나 3층에 걸린 두 점의 그림을 힘써 열람함에서 연애의 삼각(三角)을 투명하게 통관(統觀)할까 하노니 미(美)와 고락(苦樂), 희생, 이 세 가지의 한 공[球]이 곧 연애의 공이라. 일각(一角)에 멈추는 잘못된 관점을 타파하기를.

김필수(金弼秀, 1872~1948)

“추악한 것도 역시 연애라.”

호는 추강(秋江), 안성 태생이다. 집안이 윤택해 일찍 상경해 공부하다 박영효(朴泳孝) 등과 친분을 맺고, 정치적 이유에서 일본으로 망명했다. 귀국 후 언더우드(H.G. Underwood) 선교사의 추천으로 미 남장로교 선교사 레이놀즈(W.D. Reynolds) 목사의 어학 선생이 되었다. 1903년 황성기독교청년회(YMCA) 창립 시 창립이사로 활동했으며, 지방의 여러 곳에서 목사로 시무했다. 1915년 장로교, 감리교 두 교파가 연합해 《기독신보》를 창간할 때 편집인으로 일했다. 제4대 조선예수교장로회 총회장을 역임하기도 했다. 1927년에 게일 선교사가 한국을 떠날 때 만든 《석별첩(惜別帖)》(토론토대 토마스 피셔 희귀본 도서관 소장 게일 문서)에 기독교계의 대표로서 김필수가 쓴 친필 한문 편지가 실려 있다. 동물과 곤충 등을 내세워 인간 사회의 추악상을 비판하고 인간에게 경종을 울리려는 목적에서 지은, 우화 성격이 강한 신소설 《경세종(警世鐘)》(광학서포, 1910)을 발표했다.

숫머슴애

조운

춘해(春海) 형. 나더러 연애관을 쓰라고요? 참 엄청난 부탁이올시다.

누구 하나를 사랑해 본 적이 없고 누구 하나의 사랑을 받아 본 적이 없거늘 이러한 숫머슴애에게 엇지 그에 대한 감상이니 경험담이니 하는 것이 있겠으며 더욱이 훈계니 기대를 말할 수 있겠습니까?

나는 촌 머슴애이니 나도 일찍 나물 캐는 처녀나 혹 굴 까는 큰 아기들과라도 사랑을 한번 맺어 보았던들 이러한 기회에 붓을 들고 '사랑이란 쓰니라, 다니라, 기니라, 짧으니라' 아주 한번 휘둘러 볼 걸 그런 섭섭할 때가 없습니다.

형의 말씀과 같이 경험은 없다 해도 '나는 연애를 어떻게 본다' 하는 관점이야 없을 수 없으며 이후에 사랑을 맺게 되면 '어떻게 하리라'는 것조차 없을 수 없겠습니다. 그러나 그것도 삐끗하면 남의 말을 쓰기 쉽고 그렇지 않으면 겪어 보지 못한 자의 냉담(冷淡)한 이야기, 이런 찬 소리에 지나지 못할 테니 차라리 다음 기회를 기다려 참스럽게 한번 쓰는 것이 좋겠다고 생각합니다.

조운(曺雲, 1900~?)

“나더러 연애관을 쓰라고요?”

운(雲)은 필명이고, 본명은 주현(柱鉉)이다. 전라남도 영광(靈光)이 고향이며 소설가 최학송(崔鶴松)이 그의 이복 매부다. 1921년 《동아일보》에 첫 작품 〈불살너주오〉를 발표한 이후, 1924년부터 《조선문단》에 〈초승달이 재 넘을 때〉를 비롯해 많은 시조 작품을 발표하면서 문단에 등단했다. 1923년 영광중학교 교사로 부임해 농업, 미술, 작문을 가르쳤고, 시조 창작에 전념했다. 1920년대 중반 이후 최남선(崔南善), 이병기(李秉岐) 등과 함께 시조부흥운동에도 앞장섰다. 해방 후 조선문학가동맹 시분과 위원과 동국대 국문과 교수로 재직하다 1948년 가족과 함께 월북했다. 1947년 조선사(朝鮮社)에서 간행된 《조운시조집(曺雲時調集)》이 있다. 시조에 조선혼(朝鮮魂)이 담겨 있다고 보고, 시조를 통한 민족주의 문학을 추구했다.

이상적 연애관

김명순

연애를 갑 왈 홍(紅)이다, 을 왈 청(靑)이다, 라고 하고 병 왈 백(白)이다, 라고 각각 자신들의 경험에 의해 혹은 이성(理性)에 의해 진기한 말들을 나열할지라도 종종의 천만 생명들이 각각 별다른 개성을 가지고 서로 융화(融和)한 심령(心靈)끼리 절주(節奏)해 나가는 최고 조화로운 생활 상태를 수언(數言)으로 모든 사람이 다 수긍하도록 언급하라 함은 부자유한 형틀을 만들고 그 안에 연애가 들어맞나 안 맞나를 시험해 보라는 것같이 무리한 듯하다.

그러나 이것은 법칙을—도덕률을 무시하는 말은 아니다. 차라리 그 시대와 그 시대의 제도에 그 밑에 사회, 또 거기 속한 사람들이 개성에 각각 물을 것이라는 말이다. 그러나 이른바 과도기에 있는 우리로서, 일반으로 통일된 신념을 못 가진 혼돈한 사회의 우리로서, 또 동요하는 생활보다 파란(波亂) 가운데 고난을 당하는 우리로서는 얼른 말이 안 나가지만 나는 여기서 비연애적 추태(내 생각에 의해서만)를 몇 가지 써 놓고, 그 나머지의 모든 남자와 여자의, 같은 이상을 품고 결합하려는 친화(親和)한 상태, 또 미급(未及)한 동경을 이상적 연애라 하겠다. 하지만 우리의 연애는 동지 두 사람이 종교적으로 경건하며 같은 신념으로 공명하는 데 기인해서 같은 목표를 향하고 전진하는 귀일점(歸一點)에서 완성하겠다고 찬미하지 않을 수 없으리라 한다. 그렇더라도 이것을 쓰는 내가, 영원히 구해서 그치지 않는 한 사색의 사람인즉, 이상적 애라고 얼른 이 사회 제도에 맞지 않는 그것을 내 생활의 위에 가지고 오지는 못할 공상과도 같은 것을 지적하지 않으리라고는 담보치 못하겠다. 그러나 이 사회에서 빈번히 연출되는 몇 가지를 들어 비연애라 함은,

1. 다른 사람과의 연애 고백을 무시하고 그 상대자를 욕되게 하며, 연애한다고 음행을 꿈꾸는 것

2. 술 취해 그 집 문을 두드리며 그 상대자를 욕되게 하는 것, 난잡히 사실 없는 일을 글로 써내는 것

3. 너무 공상한 결과, 연애라며 없는 육적 관계를 사칭(詐稱)해서 상대자를 거짓으로 더럽히는 것

4. 역시 공상의 결과로 타인 앞에서 그 동경하는 대상을 만나서 내리누르는 반말로 남의 거짓 감정을 사는 것

5. 어느 대상에게 연애를 고백하다가 거절을 당하고 한 시간이 지나지 못해서 욕하는 것

일일이 예를 들 수도 없지만, 이런 종류의 인격이랄지(?)가 입으로만 연애라 하는 것은 비연애다. (이름을 적어내는 것도 불가능한 것 아니지만, 한 사람으로 고립한 나를 모든 추한 감정으로 욕한 것에 이를 갈고 있다.)

이상의 행동을 한 부류들은 도적질에 능할지언정 연애의 신성한 궐문(闕門)에 못 서리라 한다.

김명순(金明淳, 1896~1951)

"비연애다."

평양 갑부 김가산의 첩의 딸로 태어났다. 서울 진명여학교와 이화학당를 졸업한 후 일본 동경여자전문학교에서 유학했다. 1917년 최남선이 주재한 잡지 《청춘》의 현상 문예공모에서 단편 소설 〈의심의 소녀〉가 입선해 등단했는데, 당시 심사위원이었던 이광수의 찬사를 받았다. 선구적 여성잡지인 《여자계》에 소설 〈조모(祖母)의 묘전(墓前)〉 등을 발표하고, 국내 최초의 동인지인 《창조》에서는 유일한 여성 동인으로 활동했다. 1925년부터 매일신문사 기자로도 활동했다. 여성 작가로는 최초로 개인 시집 《생명의 과실》(1925)과 개인 문집 《애인의 선물》(1928년 이후)을 발간했다. 1925년 《조선문단》 7월호에 연애관 관련 글을 쓴 유일한 여성 문인이기도 하다. 또한 1926년에 간행된 《조선시인선집》에 여성으로는 유일하게 작품이 실렸다. 영어, 불어, 독어 등 외국어에도 능통해 보들레르, 에드거 앨런 포 등 외국 문학 텍스트를 국내에 처음으로 번역, 소개하기도 했다. 김명순이 처음 시도한 고백체 문학은 근대 초기 개인의 자각에 기반한 근대문학 발전에 큰 기여를 했다는 평가를 받는다.

신여성의 자유연애에 부정적이었던 김동인을 비롯한 여러 남성 문인들로부터 많은 지탄과 비난을 받았다. 일본에서 신여성으로 자유롭게 사는 모습을 상당히 부정적으로 본 김동인의 소설 《김연실전》의 실제 모델이다. 김동인이 악의를 갖고 쓴 소설이다. 조선문인회에서 활동한 팔봉 김기진도 1924년 《신성》에 〈김명순 씨에 대한 공개장〉에서 김명순이 남성과 여성을 너무 많이 알고 무절제한 생활을 한다는 점을 비판했다. 잡지 《조선문단》 특대호에는 실렸지만, 《조선 문사의 연애관》에는 빠진 이유 역시 그녀의 글 자체보다 조선문인회 남성 회원들과의 관계가 좋지 못한 점을 고려했기 때문으로 보인다. 이러한 문단 상황에 깊은 회의를 느낀 김명순은 1939년에 일본에 건너간 후, 해방 후에도 일본에서 살다가 1951년 아오야마(青山) 뇌병원에서 별세했다.

사랑을 읊은 옛 노래

일기자

*

너와 나와 이러다 못 살 지경이면 차라리 낙수공산(落水空山) 수사(修寺) 중에 머리 깎고 중이 되어 지성으로 염불 공부하여 후생연분(后生緣分)이나 맺어 볼거나. (육자배기)

*

사람이 못나면 돈을 보고 산대도 천하 건달이라도 알이 알 심 없고 진 멋지고 정(情) 담뿍 돌면 못 잊는단다. 아이고대고, 흐흐흥 성화가 났네 흥ㅡ. (흥타령)

*

사람 사람 하나 죄(罪)에 사람 하나가 꼭 죽어났네. 그

사람 살릴 사람 사람 하나가 꼭 있건만 그 사람 사람 살릴 줄을 어이 그리 모르는가. (잦은 육자배기)

*

사랑 사랑 긴 사랑 개천같이 내내 사랑 구만 리 장공(長空)에 널브러지고 남은 사랑 아마도 님의 사랑은 가없는가 하노라. (시조)

*

나 사랑 남 주지 말고 남의 사랑 탐치 마소. 우리 둘의 사랑에 잡(雜) 사랑이 행여 생길세라. 우리는 이 사랑 가지고 백년동주(百年同住)하리라. (시조)

*

청산(靑山)은 내 뜻이요 녹수(綠水)는 님의 정(情) 이 녹수 흘러간들 청산이야 변할 쏘냐 녹수도 청산을 못 잊어 울어 예어 가더라. (시조)

*

내 정령(精靈) 술에 섞여 님의 속에 흘러들어 구곡(九曲)간장 촌촌(寸寸)히 찾아가서 날 잊고 님 향한 마음을

다 씻으려 하노라. (시조)

*

동각(東閣)에 숨은 꽃이 척촉(躑躅)[18]인가 두견화(杜鵑花)인가. 건곤(乾坤)이 눈이거늘 제 엇지 감히 필 줄 알괘라. 백설양춘(白雪陽春)이 매화(梅花) 밖에 뉘 있으리. (시조)

*

오르며 내리며 보채는 경상(景狀)에 충신 집 열녀가 막무가내로다, 아아하하에헤요 에헤에헤이에헤요, 어루마 둥둥 내 사랑. (신난봉가)

*

산외(山外)에 유산(有山)하니 넘도록 산이로다. 노중(路中)에 다로(多路)하니 멀수록 길이로다. 산부진노불궁(山不盡路不窮)하니 님 가는 데 몰라라. (시조)

---

18) 척촉(躑躅) : 철쭉.

*

등잔(燈盞)불 꺼져 갈 제 창(窓)턱 짚고 드는 님과 오경(五更) 종(鐘) 내리 울 제 다시 안고 눕는 님을 아무리 백골(白骨)이 진토(塵土) 된들 잊을 줄이 있으랴. (시조)

*

진국명산 만상봉이 바람이 분다고 제 쓰러지며 송죽(松竹)같이 굳은 절개(節槪) 매 많이 맞는다고 훼절(毁節)을 할까나. (육자배기)

*

자교송당월사시(紫橋松堂月斜時)[19] 두견(杜鵑)이 울어도 님의 생각 명월(明月) 아래라. 우화운(雨化雲)에 달이 가도 님 생각이요, 침상편시춘몽중(枕上片時春夢中)[20]에 베개 위에 빌려준 잠을 몽중(夢中) 속에도 님 생각이라. [역금 평양수심가(平壤愁心歌)]

---

19) 자교송당월사시(紫橋松堂月斜時) : 자교(자색 다리) 송당(소나무 집)에 달빛이 비스듬히 걸린 때에.

20) 침상편시춘몽중(枕上片時春夢中) : 베갯머리에서 잠깐 봄꿈을 꾸는 중에.

*

님이 오마 하더니 달이 지고 샛별 뜬다. 속이는 제 그르냐 기다리는 내 그르냐. 이후야 아모리 오마 한들 믿을 줄이 있으랴. (시조)

*

잘 살아라 잘 살아라 네 나를 버리고 네 잘 살아라. 에헤이이에헤이오 어루마 둥둥 내 사랑아. (시조)

*

우레같이 소리 난 님을 번개같이 본 적 맞나. 비같이 오락가락 구름같이 헤어지니, 흉중(胸中)에 바람 같은 한숨이 나서 안개 퓌듯 하여라. (시조)

*

사랑 사랑 고고이 맺힌 사랑 온 바다를 두루 덮는 그물같이 맺힌 사랑, 왕십리(往十里)라 참외 넷을 수박(水朴) 넷을 얽어지고 틀어져서 골골이 버텨 가는 사랑, 아마도 이 님의 사랑은 끝 간 데를 몰라라. (시조)

*

네 잘 나서 일색(一色)이더냐 내 눈이 무뎌서 환동이로구나. 엘화 놓아라 못 놓겠구나, 능지를 하여도 못 놓겠구나. (시조)

*

설월(雪月)이 만정(滿庭)한데 바람아 불지 마라. 예리성(曳履聲)[21] 아닌 줄 판연히 알건만, 그립고 아쉬운 마음에 행여 권가 하노라. (시조)

*

열려거든 열려무나, 말려거든 말려무나. 남의 딸이 너뿐이며 남의 귀동자가 나뿐이랴. 에… 너로 하여 얻은 병은 무슨 약을 다 쓴단 말인가, 형방패독산(荊防敗毒散)[22]도 저버리고 곽향정기산(藿香正氣散)[23]도 저버리고 살

---

21) 예리성(曳履聲) : 신발(짚신) 끄는 소리. 발자국 소리.

22) 형방패독산(荊防敗毒散) : 태음인 체질을 가진 사람이 중풍과 구급할 경우 토하도록 할 목적으로 사용하는 처방법.

23) 곽향정기산(藿香正氣散) : 소음인 체질을 가진 사람의 가벼운 복통을 치료하는 데 사용하는 처방법.

뜰한 님의 말씀으로 날 살려 내게…. (중거리)

일기자(一記者, 1887~1946)

"엘화 놓아라 못 놓겠구나."

'일기자'는 언론인 차상찬(車相瓚)의 70여 개 넘는 필명 중 하나다. 춘천 태생으로, 청오(靑吾)라는 호를 즐겨 썼다. 1910년 보성중학교 제1회 졸업생으로, 나중에 보성전문학교 법학과 강사로도 근무했다. 1920년 김기전, 방정환 등과 함께 우리나라 최초의 잡지인 《개벽》을 내놓고, 여러 잡지사와 신문사 기자로도 활동했다. 1921년 5월 1일 이돈화, 박달성 등과 함께 천도교 소년회를 창립했고, 1년 후 1922년 5월 1일을 '어린이의 날'로 선포하는 데 관여했다. 1926년 《개벽》 폐간 이후에도 《별건곤》, 《신여성》, 《농민》, 《학생》 등 여러 잡지를 발행했다. 그의 글을 모은 《차상천전집》(차상찬기념사업위원회)이 2026년 현재 7권까지 간행되었다.

해 설

《조선 문사의 연애관》(설화서관, 1926)은 1920년대 한국 문단에서 내로라하는 근대 작가들이 '연애(戀愛)'에 관한 자기 생각을 단행본으로 선보인 최초의 연애 비평서라는 점에서 문학사적 의미가 각별하다. 서양과 일본에서 들어온 '자유연애' 담론을 1920년대의 국내 문인들이 어떻게 이해하고 있었고, 그것을 작품 속에 어떻게 형상화해 냈는지 살필 수 있는 기초 자료로도 소중한 의미를 지닌다.

"연애라는 말은 근년에 비로소 쓴 것"이라 소개한 김기진의 말마따나 1910년대까지만 해도 국내에서 '연애'라는 용어는 굉장히 낯선 말이었다.

> 연애라는 말은 근년에 비로소 쓰게 된 말이다. 7, 8년 전, 혹은 10여 년 전에 연애라는 말은 조선 사회에서는 들어 보지 못하던 말이다. 그리하여 이 연애라는 말은 자유연애라는 말의 약어(略語)로 사용되고 있다. 즉, '연애'라는 두 글자 위에는 언제든지 반드시 '자유'라는 두 글자가 올라 앉아 있다는 말이다.[1)]

연애에 관한 1920년대 문인들의 입장 차이는 컸다. 김영진은 자유연애 결혼은 당시 '긴급한 문젯거리가 못 되는', '문제권 밖의 문제'[2]이며 연애결혼이 가정을 파탄시킬 확률이 높다고 보고 당시 '연애'를 '염정(艶情)'으로 연결시키려는 사고방식을 부정적으로 평가했다. 연애의 의미를 제대로 이해하는 것이 긴급한 상황이고 성교육과 성에 대한 올바른 지식을 널리 알리는 것이 급선무라고 진단한 목소리를 냈다.[3]

김윤경 역시 〈연애관〉에서 비슷한 입장을 취했다. 1920년대에 널리 유행하던 '연애'라는 용어가 흔히 '미성숙 남녀 간의 충동적, 육체적 불장난'과 같은 의미로 남용

1) 김기진, 〈관능적 관계의 윤리적 의의—연애 문제 소관〉, 본문 9쪽.

2) 김영진, 〈연애결혼의 가치성〉, 본문 26쪽. "외국에서는 벌써 12세기 이전의 문제에 속했던 이 연애결혼 문제가 우리 조선에 있어서는 아직 그다지 긴급한 문젯거리로도 생각하지 않을 만큼—일반을 표준해서—문제 권외(圈外)의 문제로 취급받고 있다."

3) 김영진, 〈연애결혼의 가치성〉, 본문 34쪽. "우리가 생각하고 있는 연애는 아직까지 염정에 지나지 않는다. 즉, 맹목애(盲目愛)를 꿈꾸고 있는 시기에 있다. 우리는 많은 성적(性的) 지식의 보급이 긴급하다는 것을 마지막으로 말해 둔다."

되고 있다며, 그것이 진정한 연애가 아님을 분명히 했다.

> 요새 '연애, 연애' 하고 흔히 부르지만 실제 사실로는 그 이름을 붙일 만한 성적 애착을 나는 발견할 수 없다고 생각합니다. 첫째, 연령으로 볼지라도 아직 아무 인격도 자리 잡힘도 없는 미성숙한 자로서 일시적 충동으로 야욕만을 채우기 위해 남녀 간에 유혹의 수단을 쓰는 것을 연애라고 명칭을 남용합니다. 그러나 그것은 결코 연애는 아니외다. 연애를 모독함이외다. 적어도 조변석개(朝變夕改)하는 미숙한 의지가 확연부동(確然不動)하게 되어 이성 간에 그 인격의 흠모, 경앙(敬仰)으로부터 영구히 결합하지 않고서는 만족을 얻지 못할, 그러한 '인격 앙모(仰慕)'로부터 연결되어 변화 없이 한평생 가더라도 다른 이에게서는 얻어보지 못할 치연(馳戀)의 마음이 그치지 아니할 만한 상호 경앙이 있고서야 연애라 할 것이외다.[4)]

김윤경은 참된 연애란 남녀 간 인격적 존경과 흠모에

---

4) 김윤경, 〈연애관〉, 본문 42쪽.

기반한 사랑이어야 한다고 주장했다. 그러면서 연애를 잘못 이해해 맹목적 사랑, 본능적 충동 아래 야욕을 추구하는 젊은 세대가 많아졌고, 그런 연애의 결과는 이혼으로 이어져 그것이 사회적 문제가 된다고 보았다. 당대 시류에 휩쓸려 버린 연애관을 비판하고, 연애의 파탄을 막기 위한 대안으로 인격 존중, 영적 애(愛)의 추구, 올바른 성교육 등을 강조하는 입장을 취했다. 《조선 문사의 연애관》에는 이런 관점을 취한 문인들의 글이 다수 확인된다. 당대 지식인 문인 사이에서 연애관이 공유되고 여론화되던 과정의 일단을 엿볼 수 있다.

자유연애와 연애결혼은 1910년대 말부터 1920년대 중반까지 일반 교양인뿐만 아니라 문인들 사이에서도 가장 뜨거운 사회적 화두 중 하나였다. 1920년대 중반 자유연애에 대한 옹호와 반론이 지식인 사회에서 다수 분출되었다. 일시적인 유행이 아닌, 하나의 사회 담론으로 수렴할 필요성을 느낀 문인들 중에 '연애론'을 하나의 문화 현상으로 규정하고, 이를 진단하려는 시도가 나타났다. 조선문인회가 문인들의 연애관을 다수 청취하고자 공모 기사를 내고 이를 기관지 《조선문단》 기획 특집호로 내놓은 것이 첫 번째 시도다. 그리고 그 반응은 성공적이었다. 이에 다음 해에 관련 글을 모아 단행본으로 출판한 것이 바로

《조선 문사의 연애관》이다.

《조선문단》 특집호를 기획하고, 실제 '연애' 비평의 중추적인 역할을 맡은 이는 소설가 염상섭이었다. 그는 당시 연애 풍조를 비판하면서 연애관 정립의 필요성을 역설했다. "연애 기근까지 겹쳐 왔는지 '사랑 걸신증'이라는 성적 박테리아가 방방곡곡 휩쓸어서 인심이 자못 퇴폐한 모양이요, 이에 따라 이혼, 야합(野合)이라는 희비극이 날마다 도처에 연출되는"(염상섭, 〈감상과 기대〉, 이 책에는 미수록) 상황에서 연애에 관한 무분별한 이해와 문란한 연애관을 지식인으로서 정립할 필요성을 느껴 '연애 기근 구제책과 성적 박테리아 소독법에 관한 현상논문 모집'이라는 대안을 제시하게 되었다고 했다. 수십 명의 문사로부터 연애에 관한 의견을 청취함으로써 전국적으로 유행하던 '연애론'에 대한 올바른 이해와 관점 정립이야말로 식민지 조선 사회에서 지식인 문인들이 할 수 있는 최소한의 자정 노력이라 여겼다.

조선문인회에서 기획, 주도해 만든 연애관 글들은 1925년 7월 《조선문단》 특대호에 〈제가(諸家)의 연애관〉이라는 표제 아래 선보였다. 사실 조선문인회의 기관지인 《조선문단》은 당시 순수문학 창작 활동을 지향하던 문인들의 등용문이었다. 1920년대 문단 활동을 선도하는 창구 역할을 담당해 온 문학잡지였다. 1924년 10월에 창간해 1936년 6월 통권 26호로 종간한 《조선문단》을 창간호부터 제9호까지는 이광수가 주재하고, 1~17호까지 방인근이 편집 겸 발행자로 활동했다. 그러다가 잠시 휴간을 거쳐 남진우를 중심으로 1927년 1월, 18호부터 속간되었으나, 이 역시 얼마 가지 못했다. 그 후 1935년 2월에야 통권 21호이자 속간 1호를 다시 발간할 수 있었다. 그리고 이 속간은 26호까지 지속 발행되었다.[5] 휴간과 속간을 반복하면서까지 10년 넘게 잡지 발행을 지속할 수 있었던 것은 조선문인회 참여 문인들의 순수한 문학 활동과 상업적 경영 전략이 잘 맞아떨어졌기 때문이다.

조선문인회가 처음 결성된 것은 1922년 12월 24일, 성탄절 전날이었다. 방인근이 사재를 털어 시작한 모임이었다. 조선문인회는 처음부터 민족문학 옹호를 표방했다. 당시 한국 문단을 휩쓸던 계급주의적 경향문학을 배격한다는 입장을 분명히 하고 출발했다. 그러나 1926년 《조선문사의 연애관》이 간행될 때까지만 해도 실제로는 순수문학과 계급문학을 함께 추구하던 문인들이 적지 않았다.

---

5) 조창규, 〈문예지 《조선문단》의 상업성 전략 및 속성 연구〉, 《현대문학이론연구》 86, 현대문학이론학회, 2021, 187~221쪽.

당시 《조선문단》 추천을 받아 등단한 작가도 적지 않았다. 최학송, 채만식, 한병도, 박화성, 유도순, 이은상, 임영빈, 송순일 등이 있었다. 그리고 1920년대 중반 《조선문단》에서 활동한 주요 문인으로 이광수, 방인근, 염상섭, 김억, 주요한, 김동인, 전영택, 현진건, 박종화, 나도향, 이상화, 김소월, 김동환, 양주동, 이은상, 노자영, 진우촌, 양백화, 조운, 이일, 김여수 등이 있었다. 《조선 문사의 연애관》에 실린 22편의 글 대부분은 조선문인회를 중심으로 활동하던 문인들이 쓴 글이다.

조선문인회 소속 문인들은 '조선문단 합평회'라는 모임을 종종 열었다. 이 자리에서 문학 작품과 작가, 그리고 문학론에 관해 열띤 토론을 벌였다. 연애관에 관한 문인들의 글을 모아 보자는 기획을 한 것도 이 합평회에서였다. 첫 합평회는 1925년 2월에 열렸다. 김기진, 김억, 이광수, 염상섭, 나도향, 양건식, 현진건, 방인근, 최학송 등이 첫 모임에 참여했다.[6] 그리고 그때 참석한 문인 중 이광수를 제외한 나머지 사람들의 글이 모두 《조선 문사의 연애관》에 실렸다. 결과적으로 《조선 문사의 연애관》은 소위 '조

---

6) 조선문인회 편, 〈조선문단 합평회(제1회)－2월 창작 소설 총평〉, 《조선문단》, 1925년 3월호.

선문단파'라 불리던 조선문단 회원들이 의기투합해 내놓은 문단 기획 단행본인 셈이다. 연애와 연애론에 대한 조선문인회의 견해를 종합해 세상에 내놓은 기획물이나 마찬가지였다.

합평회 결과를 먼저 《조선문단》(1925년 7월호) 특대호로 꾸며 내놓았다. 〈제가(諸家)의 연애관〉이라는 기획 주제를 내걸고, 연애 관련 글 총 29편을 실었다. 그리고 이 중 19편의 글이 다음 해 출판된 《조선 문사의 연애관》에 동일하게 실렸다. 《조선 문사의 연애관》을 출판한 설화서관(雪華書館)은 '경성 동숭동 130번지 17호'에 있었던 출판사로, 《조선 문사의 연애관》의 편집자인 방인근(또는 친인척)이 설립해 짧게 운영되었던 곳으로 보인다.

《조선 문사의 연애관》에 실린 총 22편의 글 중 이은상의 〈어록 이십〉과 김영진의 〈연애결혼의 가치성〉, 그리고 방인근의 〈연애문답〉은 애초 《조선문단》 특대호에는 없었던 새 글이다. 원래 《조선문단》 특대호에 실렸던 방인근의 글은 〈연애관 끝에〉였는데, 단행본에서는 〈연애문답〉이라는 제목 아래 별개의 글이 실렸다. 이처럼 《조선문단》 특대호에 실렸던 29편 중 《조선 문사의 연애관》에는 실리지 않은 글들이 더러 있다. 이 글들은 본서의 부록편에서 소개했다.

이들 중 문학사에서 종종 언급된 문인으로 박영희, 조운, 김명순, 방인근 정도가 눈에 띈다. 그 외 작가들은 낯설다. 최상현, 김지환, 변성옥, 김필수, 이 네 명은 1920년대 중반 이전 잠깐 문학 작품을 창작했지만, 이후로는 기독교 목사로 활동했다.

특별히 눈에 띄는 문인은 김명순이다. 《조선문단》 수록 글과 《조선 문사의 연애관》 수록 글을 모두 망라했을 때, 유일한 여성 작가다. 《조선문단》 특집호와 《조선 문사의 연애관》은 당대 남성 문인들의 연애론을 대변하는 장이나 마찬가지였다. 연애에 대한 당대 여성 문인들의 목소리를 《조선문단》 특대호에 실린 김명순의 글을 통해 들을 수 있는 것이 다행이라 하겠다. 김명순은 근대문학사 최초의 여성 문인이다. 그런데 그녀의 연애 행각을 못마땅하게 여긴 김동인, 김기진의 공개적 비난 때문에 평생 남성 중심 사회의 편견에 맞서 싸워야만 했던 여성 문인이기도 하다. 더욱이 연애 문제로 대립각을 세웠던 남녀 문인의 글이 같은 기획 주제 아래 《조선문단》에 나란히 실렸다는 사실 자체만으로도 문학사에서 주목할 만한 사건이 아닐 수 없다. 이에 관해서는 뒤에서 다시 다루기로 하자.

'연애'의 사용과 '남녀 간 사랑'

'연애(戀愛)'는 서양 선교사들이 사용한 'Love'의 번역어로 처음 등장했다. 원래 한자 문화권에서 남녀 간 사랑과 열정을 가리킬 때는 '연(戀)'이라는 글자만 사용했다. 그런데 '애(愛)'가 서양의 'Love'에 대응하는 개념으로 사용됨과 동시에 이 둘을 결합한 복합어 '연애(戀愛)'가 사용되기 시작했다.[7)]

19세기 말 일본에서 '연애'라는 용어가 신조어로 탄생한 이후, '연애'라는 개념은 신식 문화와 유행을 담보한 사회적 언어로 인식되기 시작했다. 그 과정에서 '연애'는 남녀 간 사랑 중에서도 통속적이고 불결한 행위와 관련된 뜻을 지닌 단어로 의미의 전이가 일어났다. 즉, '사랑(love)'이 종교적 사랑, 부모의 자식 사랑, 친구에 대한 사랑, 연인의 사랑 등 여러 의미를 포괄하는 데 반해, '연애'는 특별히 남녀 간의 사랑을 지시하는 용어로 고착화된 것이다. 연애와 유사한 '사랑', '사랑하다'라는 말도 국내에서는 원래 '(상대를) 생각하다'라는 뜻이었으나, 선교사들이 '하나

---

7) 권보드래, 《연애의 시대－1920년대 초반의 문화와 유행》, 현실문화연구, 2003, 15쪽.

님의 사랑'을 자주 언급하게 되자, '사랑'이 신과 국가, 부모에 대한 당위론적 사랑이라는 의미로 더 많이 사용되기 시작했다.

국내에서 '연애'가 지면에 처음 사용된 것은 1912년경이 아닌가 싶다. 1912년 《매일신보》에 연재된 조중환의 번안물 《쌍옥루》에서 "청년 남녀의 연애라 하는 것은 극히 신성한 일"이라 운운한 것이 바로 그것이다.[8] 이후 남녀간 사랑을 운운하며 서양 서적의 특정 대목을 번역할 때 가끔씩 '연애'가 사용되었다. 연애가 1919년 3·1독립 만세 운동이 일어난 후, 언제부턴가 사회에서 '연애'라는 말이 빈번히 사용되기 시작했다. 만세 운동이 약해지고 독립에 대한 기대가 무너졌을 때, 새로운 출구를 성(性) 담론에서 찾기 시작한 것이다. 1920년대 초 소위 '연애 신드롬'이라 부를 만큼 성적(性的) 의미가 강한 신조어로서 '연애'가 조선 사회에 연착륙하게 된 것이다.

그 과정에서 '연애'라는 용어는 의식 변화를 대변하는 일종의 문화코드처럼 사용되었다. '사랑' 하면 '하나님의 사랑', '민족에 대한 사랑', '부모의 자식 사랑' 등을 먼저 떠

---

8) 권보드래, 앞의 책, 12쪽.

올렸던 이들이 '연애'가 유행하자 '사랑' 하면 '남녀 간의 사랑'을 먼저 떠올리는 등 의식의 변화가 나타난 것이다. 1920년대에 부모의 중매를 통한 남녀 간 만남과 결혼 제도에 대한 반발심에서 '자유연애'를 고발한 나도향의 중편소설 《청춘》에서도 '사랑'은 당연히 남녀의 사랑을 가리키는 말로 사용되었다.[9] '자유'와 결합한 복합어의 준말로서 자연스레 사용되었다.

이광수의 연재소설 《재생》[10]은 당대인의 연애관이 어떻게 변해 가고 있는지를 메타적으로 보여 주는 작품이다. 1919년에 독립을 향한 열정(만세열)이 차단되자 희망이 절망으로 바뀐 사회에서 젊은 주인공들이 현실 자각과 순응의 처세로 연애를 통해 안락과 쾌락을 택하는 과정을 선명히 그려 내고 있기 때문이다.[11] 이광수는 3 · 1운동

---

9) 권보드래, 앞의 책, 16쪽.

10) 1924년 11월 9일~1925년 9월 28일까지 《동아일보》에 연재.

11) "그 여자들은 대개 예수교회를 다녔다. 그들이 예배당에서 허락할 수 없는 혼인을 하기까지는 대개는 예배당에 다녔고 혹은 찬양대원으로 혹은 주일학교 교사로 예수교회 일을 보았다. 또 혹은 그들의 가정의 영향으로, 혹은 3 · 1운동 당시의 시대정신의 영향으로, 그들은 거의 다 애국자였다. 만세통에는 숨어 다니며 태극기도 만들고 비밀 통신도 하고 비밀 출판도 하다가 혹 경찰서 유치장에도 가고 그중에 몇 사

이후 불타올랐던 불꽃이 점차 꺼지자 개인적 욕망 분출 시대로 바뀌게 되었다고 보았다. 그리고 작가 자신부터 일제 지배 현실에 타협하고 순응하는 모습으로 변질되었다. 이광수가 현실에서의 결핍 상태를 민족, 종교 등 신념만으로는 채울 수 없다고 생각한 시기와 맞물려 있다.

이처럼 1920년대 한국 사회에서 특별히 '연애', '연애론'을 뜨겁게 달군 주범은 다름 아닌 문학이었다. 양건식도 이 책의 〈연애라는 것〉에서 연애가 특히나 "문학에서 큰 문제가 되는" 주제임을 인정했다. 시보다 소설이 그 불쏘시개 역할을 담당했다. 시에서 '연애'를 낭만적이고 매혹적인 인생의 한 장면인 양 노래했다면, 소설은 흥미롭고

람은 징역까지 치르고 나왔다. 그때에는 모두 시집도 안 가고 일생을 나랏일에 바친다고 맹세들을 하였다. 그러한 여자가 서울 시골을 합하면 사오백 명은 되었다. 그러나 만세열이 식어 가는 바람에 하나씩 둘씩 모두 작심삼일이 되어 버려서 점점 제 몸의 안락만을 찾게 되었다. 처음에 한 사람이 시집을 가 버리면 마음이 변한 것을 책망도 하고 비웃기도 하였다. 그러나 그 사람이 시집을 가서 돈도 잘 쓰고 좋은 집에 아들딸 낳고 사는 것을 보면 그것이 부러운 마음이 점점 생겨서 하나씩 하나씩 시집들을 가 버렸고, 아직 시집을 못 간 사람들도 내심으로는 퍽 간절하게 돈 있는 남편을 구하게 되었다. 조선을 위하여 몸을 바친다는 것은 옛날 어렸을 때 꿈으로 여기고 도리어 그것을 비웃을 만하게 되었다." 이광수, 〈하편(49)〉, 《재생》, 박문서관, 1926, 157~158쪽.

솔깃한 연애 사건을 긴장감 있고 현실성 있게 그려 낼 수 있었다. 독자는 문학에서 삶과 연애 문제를 간접적으로 대리 체험함으로써 설렘과 긴장의 묘미를 맛볼 수 있었다. 그렇기에 1920년대를 연애의 시대로 바꿔 놓은 장본인은 소설이었다 해도 과언이 아니다.

당시 문화계를 이끌던 문인들만 해도 시인보다 소설가가 훨씬 더 많았다. 소설가는 연애 이야기를 만들어 내는 원천이자 실제 스캔들을 일으키는 장본인이기도 했다.[12] 1920년대를 감히 '연애소설의 시대'로 부를 수 있는 이유가 바로 여기 있다. 청춘 남녀 간 연애 열기는 소설이 아닌 실재 현실에서도 뜨겁게 나타났다. 각종 연애 이야기가 신문의 사회면과 가십 란을 장식했고, 연애에 목숨을 건다며 소동을 일으킨 이들도 나타났다.

자유연애 서사, 고전소설에서 이미 나타나다

그런데 '자유연애'가 정말 근대의 산물이자 근대성을

12) 고미숙, 《연애의 시대》, 북드라망, 2014, 101쪽.

표상하는 개념일까? 왜냐하면 전근대 문학 작품에서도 부모의 중매, 또는 허락 없이 청춘 남녀가 만나 이념에 구속되지 않은, 주인공이 직접 선택하고 순수한 사랑을 추구하던 모습을 찾아볼 수 있기 때문이다. 19세기 초 이옥(李鈺)이라는 문인은 '남녀 간의 정을 살피는 것'이야말로 이 세상에서 그 무엇보다 가장 진실한 것이라 주장했다.

> 대저 천하 만물에 대한 관찰은 사람을 관찰하는 것보다 더 큰 것이 없고, 사람에 대한 관찰은 정(情)을 살펴보는 것보다 더 묘한 것이 없고, 정에 대한 관찰은 남녀의 정을 살펴보는 것보다 더 진실한 것이 없다.13)

이런 주장은 유교 지배 이념 사회에서는 쉽게 말할 수 없었던, 파격적이고 불온하고 전복적인 성격의 발언이었다. 천지 만물과 사회의 이치를 이해하는 근간이 남녀 간의 정(情)에 있다고 보았기 때문이다. 그의 주장은 유교 이념으로 중무장했던 조선 사회에 인간의 성적 본능과 남성/여성의 관계성을 새롭게 바라본 시각이 아닐 수 없다.

---

13) 이옥(李鈺), 〈이난(二難)〉, 〈이언(俚諺)〉; 실시학사 고전문학연구회 역주, 《이옥전집》 2권, 소명출판, 2001, 296쪽.

실제로 남녀 관계와 성적 욕망에 대한 긍정과 이해는 여러 편의 고전소설에서 구체적이고 실제적으로 형상화되었다. 예컨대, 권필의 《주생전(周生傳)》, 이옥의 《심생전(沈生傳)》, 야담집에 실린 〈옥소선 이야기〉, 작자 미상의 《절화기담(折花奇談)》, 《포의교집(布衣交集)》 등만 보아도 그렇다. 비록 유부남과 유부녀였지만, 하룻밤의 쾌락 추구에 안달이 난 남녀 주인공의 연애를 그린 《절화기담》과 《포의교집》, 한 눈에 반한 연인을 위해 온갖 수모를 참아 가며 순수한 사랑을 찾고자 뜨겁게 몸부림치던 심생의 이야기 《심생전》, 두 여자를 사이에 두고 양다리를 걸친 주생이라는 남자 주인공이 소위 '환승연애'하는 모습을 사실적으로 그려 낸 《주생전》에서도 자유연애의 의지와 감정이 고스란히 감지된다. 남자 주인공인 주생이 여자 주인공 배도를 만나 연애를 하지만, 또 다른 여자 주인공 선화를 알게 된 뒤로 또 다른 연애를 벌이는 상황을 핍진하게 보여 주는 《주생전》은 삼각관계에 놓인 남녀 간 연애사를 사실적이고 현실적으로 재현해 냈다.

이광수의 《무정》(1917)이 최초의 근대소설로 지목되는 이유 중 하나가, 당대 독자들이 남자 주인공 형식과 두 여자 주인공 선영과 영채가 벌이는 삼각관계라는 새로운 연애 방식에 대한 충격과 신선함을 즐길 수 있게 된 것 때문이라 한다면, 그런 연애 방식의 낯섦과 충격은 이미 《주생전》, 《절화기담》, 《포의교집》 같은 고전 서사에서도 동일하게 나타나고 있음을 기억하자. 당연히 이들 작품에 대한 문학사적 재평가가 요구된다.

이런 점들을 고려할 때, 근대 문학의 일원으로 자리매김한 연애소설이 근대기에 일본을 통해 국내에 전해지고 비로소 연애를 새롭게 인식한 결과, 이것이 소설로 형상화되었다고 보는 시각도 재고를 요한다. 근대에 불현듯 연애소설이 등장했다고 보기 어렵다. '연애'라는 용어 사용은 새로울지 몰라도, 연애의 개념, 즉 '자유연애', '육체적 사랑'과 '정신적 사랑'의 상관어로서의 '연애'는 이미 우리 고전 서사에서도 충분히 구현되었다고 할 것이다. 고전 서사 속 연애와 근대 서사 속 연애의 질과 의미가 어떻게 같고 다른지 따져 볼 일이다.

연애를 보는 다양한 시선들

그렇다면 《조선 문사의 연애관》에서 문인들은 각각 연애를 어떻게 바라보았을까? 연애에 관해 작가마다 개성적으로 정의 내린 단상과 표현을 몇 가지 정리하면 이렇다.

• 무(無)에 대한 동경, 완전을 향한 노력이다. (염상섭)

• 불가해(不可解) 중의 한 큰 불가해한 것이다. / 바보요, 장님이다. (양건식)

• 존귀한 자율적 도덕 정신에 의해 구성된 성적 관계다. (김기진)

• 재미있는 장난이자 괴로운 장난과 같다. / 범의 꼬리를 잡지도 못하고 놓지도 못하는 것처럼 내어 버리기는 아깝고 끝까지 쥐고 있지는 못할 것이다. / 인생이라는 괴롭고 쓰라린 길에 피곤한 늙은이들이 한 번 경험해 볼 만한 것이나, 젊은이들에게는 적당하지 않은 것이다. (김동인)

• 연애는 목사의 설교를 기다리지 않는다. (이은상)

• 염정(艶情)은 연애의 기초요, 연애는 결혼 생활의 교량이며 결혼 생활은 인격 완성의 요소다. (김영진)

• 개인 존재의 원인이 되는 동시에 사회적 생활의 원동력이며 토대다. (김윤경)

• 꿀같이 단 것도 있지만, 많은 경우 제삼자가 보는 것과 다른 고통을 맛보게 된다. 한 번은 맛보아야 할 고민이자 겪어야 할 운명이다. (이익상)

• 새 생명의 창조다. / 사람의 언어에만 있는 아름다운 인생의 꽃이다. / 신성하다. 인생에서 가장 크고 가장 참되

고 가장 아름다운 생활이다. / 인생 생활의 최고 최선의 도덕이다. / 맹목적이지 않다. / 국경을 초월한다. (김영보)

• 일종의 혁명이다. 새로운 창조적 세계에 보다 더 가까운 생활에 들어가는 운동이다. / 연애할 때 이성은 창조주요, 자아를 확충하고 인격을 완성시켜 주는 에너지(energy)다. / 화석처럼 굳어 버린 근대 조선 사람에게 정서 혁명을 일으키는 좋은 일이요, 마땅히 해야 할 일이다. / 도취제, 마취제다. / 육체의 발육을 순조롭게 하는 무엇이다. / 인권 옹호이자 전통적 가족 제도에 대한 반항 운동이다. / 하루도 없어서는 안 되는 빛과 열이다. / 연애운동이라는 것이 있다면 그것은 조선에서 가장 큰 운동 중의 하나다. 그만큼 중요하고 급하다. (김동환)

• 성(性)을 달리 하는 두 개의 인격의 결합에 의해 '사람'으로서의 자기(自己)라는 것을 정화하고 순화하고 미화해 그들의 생을 완성케 하는 양성(兩性)의 교향악이다. / 지고지순한 도덕이요, 예술이요, 종교다. / 이성과의 결합에 의해 자기를 구원하고 자기를 완성하려 하는 동경이다. / 이론과 평가를 초월한 심경이다. / 인생 최고의 선이요 미요, 절대경이다. / 육체가 정신을 구하고 정신이 육체를 구하는 두 인격의 전적인 결합이자 성적 도덕의 극치다. (김광배)

• 참다운 사랑의 본성(本性)과 육욕(肉慾)인 본능(本能)을 더해 이성(異性)과 이성(異性)이 서로 하나가 되는 것이다. / 인생의 에덴동산이다. (노자영)

• 청춘의 가슴을 불 질러 태우고 마음 아픈 눈물을 짜내게 하는, 달고도 쓴 인생의 꽃이다. (김태수)

• 생활에 하나의 맛을 더해 주는 것이자 살아갈 욕심을 내고 일할 기운을 주는 것이며, 예술의 근거가 되는 것이다. (임영빈)

• 성욕이 시화(詩化)한 것이요, 도깨비다. (양주동)

• 생의 단물이자 쓴 약이다. (나도향)

• 진흙 속에 핀 연꽃과 같다. (김억)

• 꿀과 같다. 연애 없는 사귐은 밤과 같다. (전영택)

• 인류 전(全) 생명의 요구가 아니다. / 국경과 계급이 없다. / 한 이성이 다른 이성에 대한 인격적 요구-성적 방면에 대한 자기완성의 요구다. (최학송)

• 인간 생활을 지배하는 집이요, 사회 문명의 원동력이며 인류 역사의 대부분이다. (방인근)

연애를 비유적으로 정의하고 있는 것이 특징적이다. 과학적, 이론적 근거를 제시하며 연애를 객관적으로 정의하거나 그 성격을 논한 것은 아니다.

그런데 1920년대 문인들이 특정 용어, 개념어를 반복적으로 사용하는 데서 당대 연애관의 성격을 쉽게 알아차릴 수 있다. 이를테면 연애를 '육욕(肉慾)', '영적 애[靈愛]', '육적 애[肉愛]', '신성애(神聖愛)' 등으로 나누고 이를 여러 문인들이 공히 사용하고 있는 것이 그렇다. 정신적 사랑을 뜻하는 '영적 애'를 '플라톤적인 사랑'(김기진), '플라토닉 러브(Platonic love)'(이익상, 노자영), '플라톤식 연애'(김억) 등으로 바꿔 말하기도 했다. '인생의 지상선(至上善)'(김광배), '도깨비 같은 지상선(=Summon Bonum)'(양주동)처럼 연애의 외연을 넓혀 정의하기도 했다.

당시 문인들의 연애관은 영적인 면과 육적인 면 두 가지로 대별되고, 이런 이분법적 논리 하에서 연애를 이해하려는 입장을 취하고 있음을 알 수 있다. 이때 이 두 가지 중 하나만을 추구하는 연애를 긍정할 수 없다는 입장, 곧 연애는 두 가지가 적절히 조화를 이루고 상보적이어야 한다고 보는 입장이 하나 있다. 그리고 두 가지 중 영적 애에 무게 중심을 둔 연애를 중시하는 입장이 있다. 후자는 연애를 긍정하지만 연애가 지상(至上)이고 신성(神聖)하다고 보고, 영적 애를 제일의 가치로 내세운다. 즉, 플라토닉 러브(연애)를 중시하는 입장이다. 이에 반해 전자는 다음과 같은 입장과 동궤에 있다.

분명히 연애에는 영적과 육적 두 방면이 있는 것을 부정할 수 없습니다. 육적 사랑을 거치지 아니하고는 영적 사랑이 성립되지 못하는 것과 같이, 영적 사랑이 없이는 육적 사랑도 없을 것입니다. 결국 이것은 둘이면서도 하나로 이것이 연애가 아니 될 수 없어, 인생을 순화시키는 데 있어 연애가 큰 힘이 될 것입니다.[14)]

영적 애와 육적 애는 나눠질 수 없는 것으로, 마치 하나의 태극이 음과 양이라는 두 기운을 포함한 것과 같다. 그래서 둘이면서 하나인 것이다. 두 요소를 겸비하고 조화를 추구하는 연애는 인생을 순화시키는 역할까지 하는 가장 이상적인 연애라 할 수 있다.

이처럼 《조선 문사의 연애관》에는 공히 육욕/육적 애와 영적 애를 대비하되 이 둘의 관계 이해가 문인들마다 조금씩 다르지만 다수의 문사들이 유사한 논법으로 자유연애를 설파하거나 동의하고 있다는 점에서 이는 1920년

14) 김억, 〈지상연애관〉, 본문 120쪽.

대 당시 '새롭게 학습된 연애론'과 방불하다. 그리고 여기엔 교묘히 계몽 담론이 끼어 있다. 다수의 문인들은, 청춘 남녀가 사랑의 감정을 느끼는 것은 자연스럽고 인정할 수 있다 전제하면서도 육욕에 따라 육체적 관계를 맺는 것은 신중해야 하며 절차를 거쳐야 한다는 논리를 견지하고 있는 것이다. 처음 호감이 있다 해서 곧바로 몸을 섞어서도 안 되지만, 서로 마음이 합의되었다고 하더라도 바로 결혼해서는 안 된다. 서로 영영 단단히 사랑하는 마음, 곧 영적 애(愛)임을 확신할 수 있고 진정을 확인한 후 신중히 결혼해야 한다고 했다.

하지만 이런 논리의 연애관은 불편하고 부자연스럽다. 남녀 간 욕망을 인정하기보다 욕망에 대한 통제를 내세운, 또 다른 시대적 족쇄요, 계몽 프레임이 될 수 있기 때문이다. 성적 욕망과 육체적 욕망은 어디로 튈지 모르는 불안하고 불온한 욕망에 불과할 수 있다. 따라서 안전하게 연애의 경계 밖으로 몰아내고 이성적이고 윤리적이며 합리적인 욕망이라 생각되는 영적 욕망과 사랑을 소위 최선의 연애관으로 내세웠다. 그러나 성적 방탕과 육욕 추구가 민족과 종교의 적이라거나 사회 질서를 어지럽힌다는 식으로 확대 적용하고 있지도 않아 자기 검열적 요소도 다분하다.

방인근은 〈연애문답〉에서 부부간이 연애에 관해 자기 생각을 대화 나누는 방식을 취해 자신의 연애관을 피력했다. 그런데 대화 내용을 보면 '남자 우월, 여자 열등'이라는 관계 구도를 분명히 갖고 꾸며진 것임을 알 수 있다. 그런 차별적 시각은 '서양 우월, 조선 열등'이라는 논리로 자연스럽게 확장된다. 서양의 가정은 즐겁고 힘차고, 서양 가족 구성원의 활동력은 비상한 데 반해, 조선의 가정은 시들고 썩었다는 평가에 거침이 없다. 더욱이 조선의 가정은 지식이 부족하고 돈이 없기 때문에 그렇다고까지 했다. 부부간에 나눈 이 대화에서 서양에 대한 당대인의 열등의식이 자연스럽게 나타나 있다. 물론 방인근은 여자가 더 이상 남자의 기생충처럼 지내서는 안 된다면서 남녀가 함께 경제 독립을 이루어야 함도 주장했다. 그러나 결혼 전 육체적 관계는 나쁜 일이고, 썩은 관념이라며 성욕에 치우친 연애까지 긍정한 것은 아니었다.

한편, 〈연시연비(戀是戀非)〉에서 김동환은 연애가 필요한 이유를 세 가지 제시했는데, 그 논리가 참신하다. 첫째, 생명의 혁명 · 정서 혁명을 위해 필요하다고 보았다. 믿지 못하고 웃지 않고 화석처럼 정서가 메말라 버린 근대 조선 사람들을 바꿔 주는 에너지가 되기 때문이라고 했다. 둘째, 마취제 · 도취제의 역할을 위해 필요하다고 했다. 인간 세상에 애착을 느낄 수 있는 힘을 주는 것이 연애라 본 것이다. 셋째, 성(性)의 조화를 이루기 위해 필요하다고 믿었다. 식욕과 성욕 문제 해결이 중요한데, 연애가 육체의 건전한 발육을 촉진한다고 여겼다. 정신과 육체 모두가 건강한 사회를 만들기 위해서는 연애가 불가불 필요함을 역설했다. 유교 이념과 전통 의식이 강해 경직되고 보수적인 한국인에게 연애야말로 정서적, 의식적 혁명을 일으킬 수 있는 좋은 수단이 된다고 본 것이다. 작가는 한술 더 떠 '연애운동'을 전개하자고 했다. 연애운동이 조선에서 가장 급하고 중요한 운동이자 전통적인 가족 제도에 대한 반항 운동이 될 수 있다고 여겼다.

김동환은 현실에서 연애가 성공하려면 세 가지 필요조건이 충족되어야 한다고 주장했다. 이미 이광수가 연애 성립 조건으로 돈과 미모, 본능, 세 가지를 내세웠는데, 이것은 상대적 조건에 불과하다며, 연애할 여유(시간)와 정력, 그리고 정열이 더 중요한 선결 조건이라고 주장했다. 순간적 유희를 위한 연애가 아니라 결혼을 전제로 한 연애가 현실적으로 성공 가능하다는 점을 강조했다. 김동환의 연애관은 다른 문인들보다 상대적으로 훨씬 더 실질적이고 과격해 보인다. 그것은 식민지 조선에 대한 현실 인식이 사고의 기저에 더 크게 자리하고 있었기 때문이다.

《조선 문사의 연애관》 수록 글에는 외국 사상가나 문인의 이름을 빌려 자유연애에 대한 자신의 주장을 대신 피력한 경우도 적지 않다. '플라토닉 러브' 자체는 고대 그리스 철학자 플라톤(Platon)이 주장한 '정신적 연애'를 대신 표상한다. 그런가 하면 여성운동가인 엘렌 케이(Ellen Key)나 영국 시인 로버트 브라우닝(Robert Browning)의 이름이 심심치 않게 호명된다. "인생의 최고는 소녀의 키스다"라고 노래한 브라우닝의 시구를 종종 인용하는가 하면(김억, 김광배, 이일 등) 스웨덴 여성학자요, 사회사상가인 엘렌 케이가 주창한 '연애의 자유'도 여러 차례 언급되었다(김태수, 나도향, 김억 등). 자유연애, 자유 결혼, 자유 이혼 사상을 뒷받침하기 위해서 엘렌 케이라는 서양인 사상가의 권위에 기대야 자기 주장과 의견을 합리화할 수 있었다.

아예 외국 문학 작품을 예로 들어, 서양의 연애관과 우리의 그것을 비교하기도 했다. 《젊은 베르테르의 슬픔》을 예로 들면서 남녀 주인공의 연애담을 창조해 낸 작가 괴테의 연애관을 칭찬하거나 욕하는 입장을 소개했는가 하면, 클레오파트라와 안토니, 로미오와 줄리엣처럼 작품 속 남녀 주인공의 연애를 운운하며 그들이 보여 준 연애가 방탕하고 음란한 연애, 곧 '육적 애'에 불과한 것으로 평가 절하하기도 했다. 노르웨이 극작가인 헨리크 입센(Henrik Ibsen)의 희곡《유령》(1881)(김태수), 미국의 시인 롱펠로(Longfellow)의《에반젤린(Evangeline)》(김윤경), 단테의《신곡》에 등장하는 여자 주인공 비아트리체와 후쿠다 마사오(福田正夫)의《사도(死島)의 미녀(美女)》속 등장인물의 연애관을 종합적으로 소개한 것도 있다(이일). 특히 이일은《사도의 미녀》에서 '인간은 연애하며 살기 위해 태어났고, 인간의 고통과 비애도 연애를 위해 존재한다'는 표현을 인용한다. 연애는 인간이 겪어야만 하는 운명의 하나로, 거기에는 고통과 비애가 따른다는 사실을 강조하기 위해 후쿠다 마사오의 글을 가져온 것이다.

그 밖에도 정신분석학의 창시자인 프로이트(Sigmund Freud)(김광배), 연애를 자손을 만들고자 하는 인간의 의지로 보았던 쇼펜하우어(Arthur Schopenhauer)(김광배), 피아노의 시인인 쇼팽의 연인이자 자유분방한 연애로 유명한 프랑스 여성 작가 조르주 상드(George Sand)(김태수), 인간 생활의 개조를 주장한 사회주의자였던 에드워드 카펜터(Edward Carpenter)(김태수)도 호명되었다. 이들의 이름을 언급하는 것 자체가 그들의 연애관에 동의한다는 입장을 드러내는 효과가 있었다. 세계적 철학자요, 작가라는 권위에 기대 자신의 견해가 타당하며 근거 있음을 설득하려 했다.

세계적 명사에 대한 이런 소개는 일본을 거쳐 들어온 것이 대부분이었다. 서양의 연애관과 연애 관련 정보가 개인적 차원에서 다뤄진 것이 아니라, 1920년대 지식인 사이에서 공유되던 지식 체계, 곧 교양적 지식수준에서 형성된 비개인적 문화 지형이라 할 것이다. 임영빈과 나도향이 공히 "결혼은 연애의 무덤"이라 운운한 것도 당대 지식인 사이에서 연애와 결혼의 관계를 설명할 때 동원되던 일종의 관습적 수사, 내지 사회 지식의 표상에 해당하는 것이었다.

김동인과 김명순의 악연, 그 위험한 문단 활동

《조선 문사의 연애관》에 실린 〈범의 꼬리와 연애관〉에서 김동인은 연애를 "재미있는 장난이자 괴로운 장난"으로 보았다. 남녀 간 연애는 가벼운 불장난에 불과하나, 쾌락 추구 이후에 책임져야 하는 것까지 고려한다면, 독을 탄 괴로운 술잔과 같다고 했다. 그래서 이런 상황을 마치 호랑이 꼬리를 잡았으나 꽉 붙잡지도, 아쉬워 놓지도 못하는 것에 비유했다. 가벼운 연애 자체를 부정하지 않고 있다는 점에서 앞서 언급한 다수의 문인들이 견지한 연애관과 사뭇 다르다. 김동인 자체가 여성 편력이 심했던 부잣집 난봉꾼이었는데, 그래서인지 몰라도 개념 없이 불장난하다 실패하기 쉬운 젊은이들보다 차라리 감정적 통제가 가능한 노인들이 연애하는 것이 낫다는, 궤변에 가까운 논리를 폈다. 여성과 연애에 대한 진지한 이해와 성찰 태도보다 여성을 타자화의 대상으로 인식하고 일정한 거리를 둔 관점 표명이라 할 것이다.

김동인의 연애관은 1939년에 발표한 연재소설 《김연실전》에서 더욱 구체적이고 분명히 드러나 있다. 《김연실전》은 기생 출신의 어머니를 둔 김연실이라는 여주인공이 어머니의 음란한 피를 물려받아 어릴 때부터 일본어 개인교사와 깊은 관계를 맺고, 어른이 되어서도 수많은 남성들과 난잡한 육체관계를 맺으면서 그것을 자유연애라고 주장하다가 결국 파멸한다는 내용의 작품이다. 김동인은 주인공 연실을 "연애를 좀 더 알기 위해 엘렌 케이며 구리야가와 박사의 저서도 숙독"했지만, 결국 "남녀 간의 교섭은 연애요, 연애의 현실적 표현은 성교"라는 개념을 가진 음탕한 여자, 정조 관념에는 전연 불감증인 '더러운 여자'로 묘사한다.

여기서 흥미로운 것은 소설 속 여자 주인공 김연실의 실제 모델이 1925년 《조선문단》 7월호에 김동인과 마찬가지로 연애관에 관한 글을 썼던 김명순이라는 사실이다.[15] 김명순의 필명이 '탄실(彈實)'(=실탄)인데, 김동인이 부정적인 여성 캐릭터의 이름으로 '연실'을 택한 것이다. 김명순을 염두에 두고 작품명을 지은 것이다. 여기서 김동인은 김명순이 추구하던 자유연애와 자유 결혼을, 아니 김명순 개인을 넘어 자유연애와 자유 결혼을 여성해방의 방편으로 여긴 당시 신여성들과 지식인들을 겨냥해 비난의 목소리를 잔뜩 쏟아냈다. 실제로 김동인은 김명순을 '남편 많은 처녀', 또는 '과부 처녀'라고 조롱했다.[16]

그런데 김명순이 누구인가? 그녀는 5개 국어를 구사할 줄 알고 노래와 연기까지 겸비하고 시인, 평론가, 극작가, 기자로도 활동한, 소위 팔방미인이었다. 아직까지 문학사

---

15) 《조선문단》에 실린 김명순의 글은 《조선 문사의 연애관》에는 빠져 있다. 조선문인회에서 자체 검열한 결과인지 알 수 없으나, 후대에 두 사람의 관계가 완전히 틀어진 사실과 김동인의 후대 작품 세계 이해를 위해서라도 이 책 부록 편에 소개한 김명순의 글 〈이상적 연애관〉과 김동인의 〈범의 꼬리와 연애관〉을 대비해 살펴볼 필요가 있다.

16) 김동인은 단편 〈정희〉에서도 '여자는 그저 결혼해서 남편 수발이나 들어야 한다'라는 전근대적 사고방식을 노골적으로 드러내며 여성의 정체성을 자각하고 자유롭게 사는 신여성들을 대놓고 비판했다.

에서 김명순을 비중 있게 다루고 있지 못하지만, 그녀는 1917년 잡지 《청춘》에 국내 최초로 신춘문예 현상공모에 합격한 여성 소설가였다. 최초의 근대소설로 평가받는 이광수의 《무정》이 나온 해가 1917년인데, 김명순의 〈의심의 소녀〉 역시 같은 해에 이광수의 추천을 받아 《청춘》에 실린 사실을 간과해서는 안 된다. 김명순과 그녀의 작품이 남성 중심 문학사 기술에서 홀대받아 온 여성 작가들의 위치를 재평가하는 증거로 긴요한 이유다.

이광수가 《무정》에서 당시 자유연애, 자유 결혼에 관한 작가의 관점을 소설로 발표한 1917년 같은 해에 김명순 역시 여성 작가로서 작품을 통해 그녀의 연애관을 당당히 밝혔다. 그는 특별히 "인생의 연애는 예술이요, 남녀 간의 예술은 연애"라고 말한 이광수의 주장에 공감했고, 여자에 대한 편견과 차별 대우를 하는 사회적 분위기가 팽배한 상태에서 유교 지배 이념 사회에서 여성이 해방될 수 있는 방법 중 하나가 자유연애라 여겼다. 결혼함에 있어 부모와 집안이 개입하는 것이 부당하다 여겨 여성도 연애할 자유, 결혼할 자유가 있음을 강조했다. 여성에게 필요한 것은 자유이며 여성의 자유를 획득하는 것은 자유연애요, 자유 결혼임을 분명히 했다.

그런데 김동인과 김명순의 관계가 틀어진 것은 오래

전부터였다. 김명순이 일본 유학 중이던 19살 때 성폭행을 당했는데, 당시 유학생들은 동포 여학생인 김명순을 변호하기는커녕 되레 욕하는 분위기였다. 일의 화근이 그녀의 자유분방하며 부정한 행실에서 기인한 것이라며 인격살해를 가한 것이다. 김명순이 기생 출신 첩의 딸이라는 사실만으로 헤픈 여자라는 편견을 갖고, 아름답고 지적인 그녀를 성적 희롱의 대상으로 여겼기 때문이다.

김동인을 비롯해 뭇 남성 문인들이 김명순을 건방진 여자로 규정하고 집요하게 그녀에게 사회적 마녀사냥을 가했다. 김기진도 1924년에 〈김명순 씨에 대한 공개장〉에서 성욕 생활이 무절제하다며 김명순을 공개적으로 비판했다. 물론 김기진의 이런 공개 비판에 대해 김명순도 가만히 있지 않았다. 자신은 훌륭한 사람이 되기를 원치 않고 자유로운 인간이 되길 원한다고 맞받아쳤다. 늘봄 전영택도 김명순을 탕녀라고 비난했고, 소파 방정환은 잡지 《별건곤》에서 "김명순은 남편을 다섯이나 갈고도 처녀 행세한다"라는 엉터리 기사를 쓰기도 했다. 이에 김명순이 방정환을 명예훼손으로 고발했고, 이런 사실이 신문지상에 속속들이 기사화되었다. 결국 법원에서 패소한 방정환은 글의 연재를 중단해야 했다. 이처럼 풍문을 사실로 믿고 김명순에 가한 당시 남성 지식인들의 언어폭력 사건은 당대 남성 중심적 연애관과 비뚤어진 이성관을 극명히 보여 준다.

그런데 1925년 《조선문단》 특집호에 가해자인 김동인, 김기진, 전영택의 글과 피해자인 김명순의 글이 나란히 실린 것 자체가 아이러니하다. 그때 실린 김명순의 〈이상적 연애관〉이라는 글은 당시 김명순의 평소 연애관을 알 수 있을 뿐더러, 남성이 아닌 여성의 연애관을 엿볼 수 있는 유일한 단서라는 점에서 소중한 위치를 점한다.

> 이것을 쓰는 내가, 영원히 구해서 그치지 않는 한 사색의 사람인즉, 이상적 애라고 얼른 이 사회 제도에 맞지 않는 그것을 내 생활의 위에 가지고 오지는 못할 공상과도 같은 것을 지적하지 않으리라고는 담보치 못하겠다. 그러나 이 사회에서 빈번히 연출되는 몇 가지를 들어 비연애라 함은,
>
> 1. 다른 사람과의 연애 고백을 무시하고 그 상대자를 욕되게 하며, 연애한다고 음행을 꿈꾸는 것
> 2. 술 취해 그 집 문을 두드리며 그 상대자를 욕되게 하는 것, 난잡히 사실 없는 일을 글로 써내는 것
> 3. 너무 공상한 결과, 연애라며 없는 육적 관계를 사칭

(詐稱)해서 상대자를 거짓으로 더럽히는 것
4. 역시 공상의 결과로 타인 앞에서 그 동경하는 대상을 만나서 내리누르는 반말로 남의 거짓 감정을 사는 것
5. 어느 대상에게 연애를 고백하다가 거절을 당하고 한 시간이 지나지 못해서 욕하는 것

일일이 예를 들 수도 없지만, 이런 종류의 인격이랄지(?)가 입으로만 연애라 하는 것은 비연애다. (이름을 적어 내는 것도 불가능한 것 아니지만, 한 사람으로 고립한 나를 모든 추한 감정으로 욕한 것에 이를 갈고 있다.)

인용 부분만 봐도 표현 강도가 세고 감정적이다. 여느 남성 문인의 연애 비평과 결이 다르다. 김명순은 남녀 간에 실패한 연애, 예의 없고 비인격적이며 무개념의 연애를 '비연애'라 불렀다. 비연애에 해당하는 예를 다섯 가지 제시했는데, 당시 자신이 남성들로부터 받았던 각종 비난과 조롱을 염두에 둔 강경 발언이 아닐 수 없다. 남성 중심적 연애관이 판치던 사회에서 여성의 입장에서 개진한 첫 번째 문제의식의 일단이 아닐 수 없다. "이름을 적어 내는 것

도 불가능한 것 아니지만, 한 사람으로 고립한 나를 모든 추한 감정으로 욕한 것을 이를 갈고 있다"라고 한 데서 남성에 대한 그녀의 반발심과 울분이 얼마나 컸는지 짐작하고 남는다. 순종적인 여성의 이미지와는 거리가 멀다. 오히려 자신의 목소리를 내는 데 당당하다. 이는 여성이기 이전에 한 개인으로서 비인격적인 남성들의 편견과 비판에 맞서고자 한 고독한 몸부림이기도 하다. 이런 글이야말로 1920년대 문단과 문인의 연애관을 이해하는 데 있어 이정표 역할을 할 만한 것이라 할 것이다. 그렇기 때문에 그녀의 글이 《조선문단》 특대호(1925.7)에는 실렸으나, 《조선 문사의 연애관》(1926)에는 빠진 이유가 역설적으로 더욱 분명해진다.

이 책 본편에 실린 김동인의 〈범의 꼬리와 연애관〉과 부록 편에 실린 김명순의 〈이상적 연애관〉을 각각 비교해 읽을 것을 권한다. 1920년대를 대표하는 남성 문인들의 연애관을 한 자리에서 만날 수 있을 뿐 아니라, 최초의 여성 작가 김명순의 연애관까지 대비해 읽을 수 있다는 것이 이 책이 지닌 매력이다. 당시 연애 풍속도뿐 아니라, 여성 차별적인 연애관의 실체에 더 가깝게 다가갈 수 있다.

여러 문인들의 연애관

마지막으로 연애관을 밝힌 문인들의 몇 가지 면면을 개관해 보자.

우리나라 최초의 희곡집인 《황야에서》(1922)를 쓴 소암 김영보는 서울의 수송유치원 재직 시절, 국내 대표적인 순수문학지 《조선문단》에 〈실제록(失題錄)〉을 발표했다. 이 글은 '연애지상주의 선언'과 같은 성격의 작품이다. "붉은 피 뛰노는 젊은이의 사랑에 고조(高調)된 높고 굳센 노래를 축복하자"라는 말로 끝맺고 있는 이 글에서 작가는 연애만큼 아름답고 숭고한 것이 없다는 논리를 폈다. 그의 연애관은 당시 젊은이들과 지식인들에게 큰 영향을 미쳤다.[17] 연애에 관한 그의 긍정적 관점은 1922년 11월 《시사평론》(제6호)에 실린 그의 유일 창작 단편 소설인 〈어떤 자의 선언〉에서 이미 내재해 있었다고 할 것이다.

---

17) 김영보는 괴테의 《젊은 베르테르의 슬픔(Die Leiden des Jungen Werthers)》을 한국어로 최초 번역, 소개한 장본인이기도 하다. 《시사평론》에 5회에 걸쳐(1923년 1월~9월) 《젊은 베르테르의 슬픔》의 축약 번역본을 〈웰텔의 비탄(悲歎)〉이라는 제목으로 연재했다. 이 작품이 번역, 소개된 후 남녀 간 연애 문제가 더욱 유행처럼 번져 나갔다. 《소암 김영보 약전(蘇岩金泳俌略傳)》 참조.

〈어떤 자의 선언〉은 목사가 그의 정숙한 아내를 놔두고 다른 여자와 사랑에 빠지게 되자, 그 아내를 죽이기까지의 고뇌와 아내를 죽인 후 밀려오는 양심의 가책을 이기지 못해 자살해 버린다는 상당히 파격적인 줄거리의 작품이다. 여기서 주인공 목사가 아내를 버리고 택한 어떤 여자와의 사랑을 〈실제록〉에서는 '육적 연애'라 규정했다.

나도향으로 더 유명한 나빈(羅彬, 빈은 필명)의 글 〈내가 믿는 문구 몇 개〉는 그가 요절하기 2년 전에 쓴 것이다. 한창 연애에 관심이 있었을 법한 24살 청년 나도향은 연애를 이성과 감성의 조화의 산물로 보았다. 그는 육체적 사랑과 영적 사랑의 거리를 분명히 두었다. 도덕적 토대 없는 연애는 불가하다는 입장을 분명히 하고, '사탕 맛 같은 사랑'이 아닌 '밥맛이나 빵맛 같은 사랑'을 할 것을 주문했다. 완전무결한 사랑은 이 세상에 없기 때문에 결함을 메꾸기 위해 애쓰는 창조의 노력이 바로 매춘과 다른 사랑이라고 진단했다.[18] 이로 볼 때 나도향은 남녀 간 사랑에 대

---

18) "연애는 반드시 도덕적 토대가 없이는 성립되지 않는다고 나는 단언하고 싶다. 자기를 희생하는 데 영원한 승리가 돌아올 것이다. 희생관념과 그만한 성자(聖者)적 난행(難行)이 없으면 그것은 일종의 유희며 음사(淫事)일 것이다. (…) 사탕 맛 같은 사랑보다도 밥맛이나 빵맛 같은 사랑이라야 오래갈 것이라는 말은 내 말이 아니지만 잊어서는 안

한 환상이나 기대치가 크지는 않았던 것 같다. 이는 그가 빈곤, 사회적 계급 관계 등 현실 문제를 정면으로 다루되, 인간의 욕망과 내면 묘사에 충실한 낭만주의적 서술에 머무르지 않고, 그런 욕망이 사회 속에서 드러내는 행태에 대해 객관적으로 묘사하고 관찰하는 데 힘쓴 것과 무관해 보이지 않는다. 그의 대표작인 〈벙어리 삼룡이〉, 〈물레방아〉, 〈뽕〉 등에서 암시하는 욕망의 실패와 좌절 의식 역시 그의 연애관과 상통하는 지점이 있다.

김억은 연애 자체를 부정하진 않았지만, 영적 결합 후에야 비로소 육적 결합도 가능하다는 전제를 달았다. 소위 플라토닉 연애는 부정하고, 진실에 기초한 연애를 할 것을 강조했다. 이는 전영택이 〈연애관〉에서 "동기가 순전한 연애라면 어떤 경우든 귀하고 아름답다"라고 말한 것과도 상통한다.

노자영은, 앞서 김동환이 내세운 것처럼, 육적 연애와

될 말이다. 세상에는 반드시 완전무결한 사랑이 있는 것이 아니요, 때를 따라서 흠을 깁고 이지러진 것을 더해 없는 것에서 있는 것을 만들려고 애쓰는 창조의 노력이 없는 사랑은 또한 안가(安價)의 매음(賣淫)과 같은 모양의 사랑일 것이다. 사랑하는 이와 사랑하는 이는 각각 자기의 정조를 지킬 의무가 있다." 나빈, 〈내가 믿는 문구 몇 개〉, 본문 113~114쪽.

영적 연애가 조화를 이룬 연애를 주문했다. 한 가지 특이한 점은 조선인이라면 연애와 관련해 고려할 것이 더 있다고 주장한 것이다. 1920년대를 사는 조선인에게 특별히 요구되는 연애관이 따로 있다고 했다. 조선의 현실을 먼저 자각하고, 참다운 사회를 먼저 건설해야 그 보상으로 연애도 마음껏 할 수 있다며 국가 현실과 연관한 '연애론'을 피력한 것이다.

> 우리가 사랑으로 가정을 이루고 그곳에서 생의 아름다움을 누린다면 얼마나 좋으랴마는 우리에게는 불행히 그러한 처지가 주어지지 않았다. 울고 부르짖고 싸워야 할 파멸의 선에 섰다. 연애는 잠깐 뒤로 미루고 그러한 연애를 세울 참다운 사회를 건설하자! 검은 눈물에 쌓인 이 동산을 먼저 개척해야 할 것이다.[19)]

일제 식민지하의 조국을 '검은 눈물에 쌓인 동산'에 비유했다. 울고 부르짖으며 싸워야 할 조국의 운명과 현실 앞에서 연애 타령이나 할 수 없다고 했다. 참된 연애는 불

---

19) 노자영, 〈인간의 참다운 세계를 찾아〉, 본문 93쪽.

행한 정치 현실이 바뀐 연후에나 가능하다는 문제의식을 드러냈다. 다른 문인들이 밝힌 연애관과는 관점과 표현의 수위에서 차이가 난다.

그런가 하면 김태수는 〈연애를 연애하는 연애관〉에서 중학교부터 성교육 과목을 따로 둬야 한다고 주장했다. 조선에 성적 혁명이 필요하다면서 이혼할 자유가 있고, 연애의 자유 역시 중요하다고 보았다. 이런 주장은 헨리크 입센이나 엘렌 케이 같은 서양의 문학가, 사회운동가의 사상에 영향을 받은 결과다.

방인근의 경우는 어떠한가? 그는 1920년대까지만 해도 순수문학 계열의 단편 소설을 발표하다가, 1930년대에 《마도의 향불》(1932)과 《방랑의 가인》(1933) 같은 신문연재 대중 장편 소설을 발표해 늦게 큰 인기를 누린 문인이다. 당시 유행하던 통속적인 멜로 서사의 공식을 적절히 버무린 작품, 즉 요부형 여성을 주인공 삼아 애욕의 문제를 솔직하고 적나라하게 다룬 것이 독자의 반향을 불러일으켰다. 그런데 식민지 경성을 배경으로 대중적이고 통속적인 청춘 남녀의 사랑 이야기를 쓰더라도, 민족의 운명과 사회적 의무에 대한 고민과 신념이 그의 작품에 일정 부분 투영되어 있었다. 하지만 해방 후 1950년대~1960년대에 발표된 그의 작품은 큰 변화를 보인다. 민족과 사회에 대한 고민은 거세되고 낯 뜨거운 염정 서사만 도드라지기 때문이다. 이는 1920년대에 《조선 문사의 연애관》에서 남녀 부부의 대화를 빌어 순수한 연애를 장려한 〈연애문답〉의 내용과도 상당한 거리가 있다. 당대 남녀 청춘들에게 육체적 사랑과 영적 사랑이 적절히 조화를 이룬 연애를 주문했던 것과 달리, 감정에 이끌려 육체적 사랑에 탐닉하는 남녀의 연애에 천착한 것은 달라도 한참 달라진 모습이 아닐 수 없다.

이처럼 《조선 문사의 연애관》에는 1920년대에 치열하게 문학 창작을 하면서 연애 문제에 관심을 기울인 문인들의 개성 강한 목소리가 가득하다. 그렇기에 이 책은 1920년대 대표 문인들의 연애관을 읽어 내는 바로미터로 충분하다. 아울러 후대에 문인들의 연애관이 어떻게 달라졌는지 가늠할 수 있는 출발점이자 잣대로도 소중하다. 20세기 초 근대 문학사에 나타난 문학 지형과 사유의 흔적을 읽어 낼 수 있는 숱한 단서들이 이 책 《조선 문사의 연애관》에 모여 있다. 연애와 문학 연구를 위한 원석을 이 책을 통해 마음껏 캐어 가기를 바라는 마음 간절하다.

엮은이에 대해

조선문인회(朝鮮文人會)는 1922년 12월 24일 발족한 우리나라 최초의 문학 단체다. 이광수 · 주요한 · 전영택 · 방인근이 발기해 만들어진 이후, 염상섭 · 황석우 · 김동인 · 최학송 · 채만식 · 김억 · 박종화 · 나도향 · 김동환 · 양주동 · 이은상 · 노자영 등 많은 문인들이 참여했다. 조선문인회가 주관하고 조선문단사에서 발행한 기관지《조선문단》은 1924년 10월 창간된 후 1936년 6월 통권 26호로 종간될 때까지 당시 문인들의 등용문이자 문학 장(場) 역할을 담당했다. 1920년대 중반《조선문단》은 동인지가 지닌 폐쇄성을 탈피하고자 외부에 원고를 청탁하고 원고료를 지불하는 파격을 선보였다. 또한 1924년 2월부터 여러 문인들이 모여 서로 작품을 비평 · 토론하던 조선문단 합평회를 운영했다. 해외문학 소개에도 앞장섰다. 처음부터 민족문학을 내세운 조선문인회는 자연주의 문학과 민족문학의 순수성을 추구하고 경향(프로)문학은 배척하는 입장을 취했다. 1920년대 연애론을 하나의 문학 담론으로 확장한 것도 조선문인회가 기획해 만든 성과 중 하나다.

옮긴이에 대해

이민희(李民熙)는 강화도에서 태어나 자랐다. 연세대 국어국문학과를 졸업한 후 서울대 국어국문학과 대학원에서 고전문학 비교 연구로 석사, 박사 학위를 받았다. 폴란드 바르샤바대에서 수년 동안 폴란드 학생들을 가르쳤고, 현재는 강원대 국어교육과 교수로 재직 중이다.

고전소설 연구를 중심으로 하면서 근대문학, 문학사, 구비문학, 비교문학, 민속학, 서지학, 문화예술학, 문학교육학을 또 다른 거점으로 삼아 분과 학문적 경계를 넘어서기 위한 공부를 계속해 오고 있다.

주요 저서로《파란 · 폴란드 · 뽈스까!−100여 년 전 한국과 폴란드의 만남, 그 의미의 지평을 찾아서》(소명출판, 2005, 문화관광부 선정 우수학술도서),《16~19세기 서적 중개상과 소설 · 서적 유통관계 연구》(역락, 2007, 대한민국 학술원 선정 우수학술도서),《조선의 베스트셀러−조선 후기 세책업의 발달과 소설의 유행》(프로네시스, 2007),《조선을 훔친 위험한 책들》(글항아리, 2008),《마지막 서적중개상 송신용 연구》(보고사, 2009, 대한민국

학술원 선정 우수학술도서), 《역사영웅서사문학의 세계》(서울대 출판부, 2009), 《백두용과 한남서림 연구》(역락, 2013, 대한민국 학술원 선정 우수학술도서), 《얼굴나라》(계수나무, 2013, 세종도서 문학나눔 우수도서), 《쾌족, 뒷담화의 탄생—살아 있는 고소설》(푸른지식, 2014, 세종도서 교양나눔 우수도서), 《세책, 도서 대여의 역사》(커뮤니케이션북스, 2017), 《박지원 읽기》(세창미디어, 2018), 《비엔나는 천재다》(글누림, 2019), 《강원도와 금강산, 근대로의 초대 : 19세기 말~20세기 초 서양인 여행기를 읽다》(강원학연구센터, 2021), 《근대의 금강산과 강원도, 그 기록의 지평》(소명출판, 2022), 《18세기의 세책사—소설 읽기의 시작과 유행》(문학동네, 2023), 《백린 평전》(역락, 2025) 등이 있다.

역서로는 《여용국전/어득강전/조충의전》(지식을만드는지식, 2010), 《낙천등운》(한국학중앙연구원, 2010, 임치균 · 이민희 · 이지영 공역), 《춘풍천리》(지식을만드는지식, 2011), 《옹고집전》(휴머니스트, 2016), 《방한림전》(휴머니스트, 2016), 《서산대사전》(지만지한국문학, 2023), 《병인양요, 일명 한장군전》(지만지한국문학, 2024), 《책쾌 조신선 이야기》(지만지한국문학, 2024) 등이 있다.

조선 문사의 연애관

엮은이 조선문인회
옮긴이 이민희
펴낸이 박영률

초판 1쇄 펴낸날 2026년 2월 27일

커뮤니케이션북스(주)
출판등록 제313-2007-000166호(2007년 8월 17일)
02880 서울시 성북구 성북로 5-11
전화 (02) 7474 001, 팩스 (02) 736 5047
commbooks@commbooks.com
www.commbooks.com

김기진, 김영진, 김윤경, 이일, 김동환, 김광배, 임영빈, 방인근, 송봉우, 최상현, 김지환, 조운의 작품은 출판사에서 여러 경로로 저작권자의 연락처를 수소문했으나 확인하지 못했습니다. 언제든 저작권자와 연락이 닿으면 이전까지 발생한 저작권 관련 문제를 해결할 것을 전제로 먼저 출간합니다.

ISBN 979-11-430-1154-1 03810

책값은 뒤표지에 있습니다.